s de M. Neelemans Lefebvre à Eecloo (Beigique),
feu M. J. P. Menger et de quelques autres
successions après décès.

CATALOGUE ILLUSTRÉ

D'UNE SÉRIE FORT INTÉRESSANTE

DE

Monnaies impériales et royales,

des Princes laïques, des princes de l'église et des villes, de
Médailles et Jetons historiques et maçonniques, de Déco-
rations et Médailles militaires, de poids monétaires,
de Méreaux et de Livres Numismatiques,

DONT LA VENTE AURA LIEU À AMSTERDAM

le 6 Octobre 1896 et jours suivants

dans la salle au premier de l'Hôtel Krasnapolsky

Warmoesstraat 175-183.

Sous la direction de l'expert J. SCHULMAN à Amersfoort.

* * *

JOURS D'INSPECTION:

**Dimanche le 4 Octobre de 10 heures du matin
4 heures d'après midi.
Lundi le 5 Octobre de 10 heures du matin à
heures d'après midi.**

Imprimerie J. HOEKSTRA & Co. — La Haye.

Les collections offertes à présent aux enchères publiques méritent bien l'attention de MM. les Directeurs des Cabinets et des amateurs bien sérieux, à cause du grand nombre de raretés qu'elles contiennent.

On trouve des pièces intéressantes aussi bien sous les monnaies, que sous les médailles.

J'ai fait réproduire quelques-unes des plus curieuses, comme ce Dickthaler inconnu de Dietrichstein, ce florin d'or de Bourgogne fort intéressant de Philippe le Bon comte de Hollande, ce Ducat inédit de Batenbourg etc.

Outre ces pièces réproduites le catalogue renferme, de nombreuses monnaies et médailles, qui méritent bien d'être mentionnées, comme les numéros 57, 90, 107—150 (cette belle série de monnaies flamandes) 151 (ce beau thaler suisse de Grisons) 178, 209, 210, 220, 223, 224, 225, 226, 227, 228, 265. (St. Gall) 313, 372, 426, 461, 470, 471, 472, 473, 475, 477, 578, 482. 483, etc. etc.

Toutes les monnaies et médailles sont garanties authentiques, sauf indication contraire.

La conservation est indiquée bien soigneusement par F.d.c. fleur de coin, t.b.c. très bien conservé, b.c. bien conservé, a.b.c. assez bien conservé.

COLLECTIONS

DE

M. Neelemans Lefebvre et autres.

MONNAIES IMPÉRIALES ET ROYALES.

1 **Allemagne**, empire. **Henri VI** et **Frédéric II**, *2 Bractéates*, Cappe pl. VI, 44 et pl. XVIII, 186 (ébréché.) Ar. 2 ps.

2 **Albert I**, *Esterlin* d'**Aix la Chapelle**, l'empereur sur son trône, 2 var. Ar. t.b.e.

3 **Charles VI**, 1730 *Thaler* pour la **Silésie** au buste cuirassé et lauré. Ar. Beau.

4 **Angleterre**, royaume, **Edward III**. *Noble* E . — DWARD . DEI . GRA . REX . ANGL . Z . FRANC . DNY—B. Rev. + IhC AVTEM . TRANCIENS P MEDIVM ILLO-RVM IBAT o type, Kenyon pl. II, 8. Or. Beau.

5 -- *Noble* pareil, E—DWARD DEI GRA Rev. + IhC AVTEM TRANCIENS P MEDIVM ILLO-RVM IBAT. Or. t.b.e.

6 — *Noble* pareil, seulement E—DWARD Or. t.b.e.

7 — *Noble* pareil, comme n. 5 seulement YBAT au revers. Or. t.b.e.

8 *Noble pareil* E—DWARD o - D o hYB' Rev. comme n. 4. Or. Beau.

9 *Noble* même droit, revers comme n. 5. Or. Beau.

10 *Noble* au titre d'**Aquitaine** fr. entre 1360 et 1369. o ED—WARD DEI GRA REX ANG DNS hYB Z AQ Rev. + IhC AVTEM TRASIENS PER ME-DIV ILLORVM IBAT. Manque à Kenyon. Or. Beau.

11 — *Noble* pareil, DNS hYB Z TQVT. Rev. ILLORV IBAT. Or. b.e.

12 — *Noble* au titre de **France** et d'**Aquitaine** fr. entre 1369 et 1377 REX ANG Z FRA DNS hYB Z A—T. Rev. + Ih'C Or. t.b.e.

13   **Henry VI,** *Quarter Noble,* (tréfeuille comme m. m.), variété de Kenyon pl. IV, 31 avec ANGL'. Rare. Or. t.b.e.

14   **Henry VII,** *Angelot,* flèche comme m.m. ҺЕПRIC' + DI' + GRA × REX ҳ AGL' ҳ-ҳ Rev. O CRVX AVE SPES VПICA   Rare. Or. t.b.e.

15   **Edward VI,** 1551 *'Crown* fr. à York. Le roi à cheval à dr. Ruding pl. X, 1, trou rebouché. Ar. b.e.

16   — *Shilling* au buste de face. Jolie pièce. comme décoration, dans un encadrement de style renaissance. Ruding pl. X, 5. Ar. gr. 15, 2 t.b.e.

17   **Elisabeth,** *Shilling* A comme m.m. Suivant quelques numismatistes les monnaies d'Elisabeth à l'A gothique, sont frappées à Amsterdam, pendant le gouvernement de Robert Dudley comte de Leycestre. Ar. t.b.e.

18   Même pièce **O** comme m.m. Ar. t.b.e.

19   Même pièce, clef comme m.m. Ar. t.b.e.

20   *Halfshilling* 1561, point de flèche comme m.m. Ar. t.b.e.

21   *Halfshilling* de 1569 (couronne) et de 1571 (tour). 2 ps. Ar. t.b.e.

22   Mêmes pièces de 1575 (quintefeuille) et de 1583 (cloche.) Ar. t.b.e.

23   Mêmes pièces de 1591 et de 1592 (ballot.) Ar. t.b.e.

24   **James I,** ¼ *Laurel.* Buste lauré à g. derrière V. Ruding pl. XI, 12. Or. b.e.

25   **George I** 1718. *Quarter Guinea.* Kenyon 155 Ruding pl. XVII 17. Or. Beau.

26   **George III** 1818. *Pistrucci-Crown.* St. George à cheval. Ar. t.b.e.

27   **Danemarc,** royaume. **Christian IX** 1627. *Thaler* au buste couronné et au revers, l'écusson de Danemarc entouré de 13 petits écussons (de l'argent des mines de Norvège.) Mad. 276. Ar. Beau.

28   **Ecosse.** Robert II. *Lion* + ROBERTVS . D . G . REX . SCOTOR. Rare Or. t.b.e.

29   **Espagne** *royaume.* **Ferdinand** et **Isabelle.** *Demi Piastre* de 4 réaux fr. à Séville. Ar Belle et rare.

30   **Charles V** et sa mère. *Double réal* avec L—M. Ar. t.b.e.

31   **Philippe II.** 1598. *Piastre* de VIII *réaux,* marque monétaire aqueduc. Heiss pl. 29 n. 7. Ar. Beau.

32   **Philippe V.** 1718. *Piastre* de 8 *réaux.* Heiss 1 pl. 46 n. 27. Ar. t.b.e.

33   — 1718. *Demi Piastre,* même type. pl. 47 n. 37. Ar. t.b.e.

34   **Charles III.** 1769. *Demi Piastre* fr. à Potosi. Ar. t.b.e.

35   **Alphonse XIII** 1888. 5 *Pesetas* au buste enfantin à g. Ar. Beau.

36   **France.** royaume. **Philippe III** ou **IV.** *Gros tournois.* 4 ps. Ar. t.b.e.

37   **Jean le Bon.** *Cavalier d'or* Le roi à cheval à g. Hoffm. pl. XIX, n. 10. Or. Beau.

38   **Charles V.** *Franc-à-pied* Hoffman pl. XXIV.2. Or. b.e.

39   Même pièce, variété de gravure. Or. Beau.

40   **Charles VI.** *Ecu d'or* Hoffm. pl. XXV.1. Or. t.b.e.

41 **François I.** *Teston.* Buste couronné à dr. Rev. Ecusson couronné entre deux F couronnées, fr. à Lyon; var. de Hoffm. pl. LVII.42 avec + des deux côtés. Ar. t.b.e.

42   *Teston.* L'écusson de France dans un entourage lobé, var. de H. pl. LVIII.59 avec FRANCORVM et IMPERAT. Ar. b.e.

43 **François II** et **Marie Stuart.** 1560. *Gros ou Shilling d'argent.* Ecusson de France Ecosse + FRAN . ET . MA . D . G . FRANCO SCOTOR . Q. Rev. F et M en monogr. entre un lis et un chardon couronnés. VICIT . LEO . DE . TRIBV . IVDA . 1560. Hoffm. pl. LXXI.3. Ar. Beau et rare.

44 **Henri III.** 1587. *Quart d'Ecu* fr. à St. Pourçain, comparez le huitième d'écu Hoffm. pl. LXXVI. n. 31. Ar. t.b.e.

45 **Henri IV.** 1605. *Quart d'Ecu* de **Navarre** HENRICVS . 4. D. G . FRAN . ET . NAVAR . RX et du côté des armoiries GRATIA . DEI . SVM . ID . Q . SVM . 1605 variété inédie Ar. t.b.e.

46 1606. Même pièce FRANC . ET . NAV . REX (BD en monogr.) fr. à Morles. Ar. t.b.e.

47 **Louis XIII.** 1642. *Quart d'Ecu* fr à Angers. Hoffm. n. 44. Ar. Beau.

48 **Louis XIV** 1651 *Ecu blanc*, au buste juvénile lauré (Paris). Ar. Beau.

49 1643. *Demi Ecu blanc*, même type (Paris.) Ar. t.b.e.

50 1645. *Demi Ecu* au même type. Ar. t.b.e.

51 1644. *Quart d'Ecu*, même type. (Paris.) Ar. t.b.e.

52 1712. *Demi Ecu* aux trois couronnes fr. à Amiens. Ar. b.e.

53 **Louis XV,** 1726. *Demi Louis aux lunettes* fr. à **Lille.** Hoffm. CVIII, n. 17. Or. t.b.e.

54 **Portugal,** royaume **Alfonso I,** 1112.—85. *Morabitino* ou *Soldo de ouro* REGIS PORTVGALEN SIVM. Le roi à cheval armé de toutes pièces Rev. MONETA DOMINI AFNSI quinas posés en croix, cantonnée d'une croisette et de 3 étoiles. Aragao pl. II, n. 2 authenticité douteuse. Or. gr. 6, 7, coulée.

55 **Joao III,** 1521 1557. *Meio St. Vincent* IOANES : III. R : PORTVGA. Ecusson couronné entre o – o Rev. St. Vincent debout à dr. portant navire et palme   ZELATOR . FIDEI . VSQVE. A. Manque à Teixeira d'Aragao. Fort rare. Or. t.b.e.
Voir la gravure.

56 **Sebastiao I,** *Tostao* à la croix du Christ, 4 variétés, ensemble gr. 32, 5. Ar. b.e.

57 **Philippe II** (III d'Espagne) 1598 –1640. *Quatro Cruzados* PHILIPVS. D : G : REX . PORTVGALIA . E Ecusson couronné à g. ·L––. B à dr. IIII variété de Teixeira pl. XXIV, 1. Or. gr. 12, 2, fort rare. Beau.

58 **Alfonso VI,** 1664. *Meio cruzado.* Ar. b.e.

59 **José I,** 1752. *Cruzado* de 400 reis. Or. t.b.e.

60 **Pedro II,** 1687. *Meio Cruzado.* Ar. t.b.e.

61 *Meio Cruzado* de 1762 de **Joseph II,** *80 reis* de **Maria I** et **Pedro III** et de **Joao VI.** 3 ps. Ar. t.b.e.

62 *500 reis* de **Pedro V**, de 1855 et 56 et de **Luiz I** de 1865. 3 ps. Ar. t.b.c.

63 **Roumênie**, royaume. **Charles I.** *5 Lepta* (francs.) Tête à g. Ar. Beau.

64 **République Batavia**, 1797. Pièce de *Trois florins* fr. à **Dordrecht**. Ar. belle.

65 1799. *Ducat*. fr. à **Utrecht**. Or. Beau.

66 1802. *Ducat*. fr. à **Utrecht**. Or. F.d.C.

67 1803. *Ducat*. fr. à **Utrecht**. Or. F.d.C.

68 1805. *Rijksdaalder* fr. à **Utrecht**. Ar. t.b.c.

MONNAIES DES PRINCES LAÏQUES.

69 **Batenbourg**. baronnie. **Herman Théodoric**, 1573—1612. *Ducat* au type hongrois de 1579 * PATRONA * — * VNGARIE * La Madone avec l'enfant Jésus, dessous deux épées croisées et couronnées. Rev. * MON * TRANS S IL * C * B * D * S. L'empereur couronné debout, portant hache, entre 15 - 79. Or. Inédit. Superbe. *Voir la gravure.*

70 *Thaler* du même, au buste cuirassé ᐳ HERM ✧ THEO ✧ D ✧ BRO ✧ L ✧ BAR ✧ I ✧ B ✧ Z ✧ STEI ✧ Rev. L'écusson à huit quartiers de Bronckhorst, Batenbourg, Manderscheid, Blankenheim, Rouey et Daun et en surtout Stein. MONETA . NOVA ♣ ARGENTEA ♣ BA. variété de v. d. Chys pl. XV. 6. Rare. Ar. t.b.c.

71 *Thaler*, même type, autre variété ✕ HERM ✧ THEOD, le bras du baron touche OD ✧ D ✧ BRO ✧ L ✧ BAR ✧ I ✧ BA ✧ Z ✧ STEI. Rev. BAT. Rare. Ar. Beau.

72 **Brabant** duché **Henri II et III**, *Deniers*, de Witte 54, 67, 68, 69 et 72. Ar. 7 pièces.

73   Deniers **d'Anvers**, Bruxelles, Haelen et Louvain; de Witte 79, 86, 98, 99, 101 131, avers de 120 revers de 129, 138 var. de n. 143 avec A N au lieu des globules. 144, 159 et autre variété de Louvain avec 6 1 lot intéressant 12 ps. Ar.

74 **Jean I** *Esterlin* au lion, variété inédite de de Witte n. 220—222 ╪ IO — ҺAЯ — ЯES DVX Extr. rare Ar. t.b.c.   X   B   R   V

75 *Esterlin* avec IOHN de W. 235 et avec BRABANTI et WALT comp. de W. n. 242 bis. 2-ps. Ar. a.b.c.

76 **Jean II** *Esterlin* aux deux lions, de Witte 279, *Esterlin* au château de W 307, 3 ps. Ar. b.c.

77 — *Demi Esterlin* inédit de Louvain, type de l'Esterlin n. 279, un peu rogné. Extr. rare. Ar. b.c. *Voir la gravure.*

78 **Jean III**. *Esterlin* aux 4 lions, de W 349 et 350. *Plaque* aux 4 lions 2 var. avec GRA et GRA de W. 344. Ar. 4 ps.

79 *Gros au lion*, entourage d'onze feuilles d'ache, var. de de Witte n. 360 avec MꝶЯƆTA ⁑ I—O' DV—✶ ✧ LO—T' BR—AB'. Ar. b.c.

80 Autre variété du n. 360. I—O.' DV—X . LO—T . BR—AB + Ar. b.c.

81 **Jeanne et Wenceslas.** *Grand Mouton* ✠ AGN o DEI o QVI o TOLL o PCCA o MVDI o MISERE o NOB' Agneau pascal dessous IOH'DVX de Witte pl. XVIII 389. Belle monnaie d'or.

82 **Charles le Téméraire.** *Double Briquet* de 1475. **Marie de Bourgogne.** Double Briquet de 1479 et de 1481 (le dernier à la main à l'ex.) 3 ps. Ar. b.c.

83 **Maximilien et Philippe.** *Briquet* de 1492, *Sou* sans date de 1489 et 90. v. d. Chijs pl. XX.19 et 26 pl. XXI.30 6 ps. Ar. b.c.

84 *Denier aux quatre lions* de 1488 à la lég. REFORMACIO + GVERRE + PAX + EST. v. d. Chijs pl. XX n. 21. Fort rare. Ar. t.b.c.

85 **Philippe le Beau.** *Double patard* de 1500 et 1504 et *Toison* de 1496, Quatre ps. Ar. b.c.

86 **Minorité de Charles V.** *Double patard* de 1509 et de 1512, 2 var. et *Sou* v. d. Chijs pl. XXIII 8 et 14, 4 p. t.b.c.

87 **Charles-Quint** majeur. *Réal* d'or fr. à **Anvers** + KAROLVS ⁑ D ⁑ G ⁑ ROM ⁑ IMPE ⁑ Z ⁑ HISPA ⁑ REX. Or. Beau.

88 *Couronne d'or* de 1545, v. d. Chijs pl. XXIV.6 Or. t.b.c.

89 *Florin Carolus* fr. à **Anvers,** var. de pl. XXIV.8 Ar. t.b.c.

90 **Philippe II.** 1586. *Couronne d'or* fr. à Anvers. PHS . D . G . HISP Z REX . DVX . BRA' 1586. Croix fleurdelisée cantonnée de deux lions et de deux briquets. Fort rare. Or. Beau.

91 1586. *Ducaton* fr. à Anvers avec MIIII. Ar. t.b.c.

92 1588? *Ducaton* fort curieux, la dernière chiffre manque 15. 8 Fort rare. Ar. Beau.

93 **Albert et Isabelle.** 1619. *Ducaton* aux bustes superposés. Piedfort fr. à **Anvers.** Ar. gr. 64.4 Superbe.

94 **Philippe IV.** 1634. *Patagon* fr. à **Bruxelles.** Piedfort. Ar. gr. 56. Superbe.

95 1634. *Demi Ducaton* fr. à Anvers. Ar. t.b.c.

96 **Charles II.** *Ducaton* au buste cuirassé à longue chevelure. Piedfort fr. à Bruxelles, tranche cordonnée. Fort rare. Ar. gr. 64 Beau.

97 **Brandebourg.** Electorat. **George Wilhelm.** Beau *Thaler* de 1636 au marquis cuirassé à mi-corps à dr., portant sceptre fleuronné et casque panaché. Schulth 5807. Rare. Ar.

98 **Friedrich Wilhelm.** 1692 *Ducat* pour la **Guinée** (Fort Brandenburg) Buste cuirassé à dr. FRID . III . D . G . M . B . S . R . I . A . E. Rev. Navire à trois mâts. DAS DUCE 16—92 à l'ex. L.c.s. Rare. Or. t.b.c.

99 **Bréderode. Henri** Seigneur de **Bréderode** et de **Vianen.** *Ecu* au St. Henri. Buste couronné de l'empereur + SANCTVS * HENRICVS × IMPERATOR. Rev. + MONE . DO . HENRI . DO . DE . BBE . LI . DO . VY. Ar. Beau.

100 **Brunswick Lunebourg.** Duché. 1640. **George** à **Calenberg,** Thaler au légendes allemandes, au duc à mi-corps à g. portant bâton de maréchal, devant lui le casque panaché. Ar. Beau et rare.

101 **Friedrich à Celle.** 1648. *Thaler* sur son décès (Sterbethaler.) Son buste à dr. dans une couronne de laurier. Mad. 1199. Ar. Beau.

102 **Anton Ulrich à Wolfenbüttel** 1706. ²/₃ Thaler au cheval. Ar. t.b.c.

103 **Dombes,** principauté. **Henri.** 1604. *Teston* au buste cuirassé à dr. Rare. Ar. t.b.c.

104 **Anne Marie Louise.** Douzième d'Ecu au buste drapé. Ar. b.c.

105 **Dietrichstein. Sigismund** baron de **Dietrichstein à Hollenburg.** *Thaler* -|- SIGMVND . V . DIETRICHSTAIN . FREIHER . ZV. Buste cuirassé de Sigismund à g. avec chapeau. Rev. + HOLENBVRG . VND FINCKENSTAIN . ZC. Ecusson aux armoiries des Dietrichstein, tranché d'or sur gueules : à deux serpettes de vigneron d'argent, adossées, posées en pal et brochées sur le tranché. Thaler inédit, de la plus haute rareté. Ar. gr. 29. Beau. *Voir la gravure.*

> Sigismund fils de Pancrace est le fondateur de la branche de Hollenberg. Il était conseiller de l'Empereur Maximilien I. Stadhouder de la Basse Autriche, gouverneur de Stirie, Echanson héréditaire de Carinthie, il fut honoré du titre de baron pour ses services rendues a l'Empereur. Il époussa en 1515 a Vienne Barbe de Rothal et à ses noces se trouvèrent, Vladislas roi de Hongrie, Sigismund roi de Pologne et Louis roi de Boheme, il mourut en 1533 et fut euterré aux pieds de l'Empereur Maximilien. qui l'avait ainsi ordonné. La seule monnaie qu'on connait de lui jusqu'a présent, c'est le Thaler sur son mariages Madai 4186.

106 **Emden.** comté. **Hermann** *Denier* AMV TON. Ar. 2 ps. variées.

107 **Flandre,** comté. Mailles de Gand. Lille et Ypres. 6 ps. Ar.

108 **Marguérite de Constantinople.** Gros à l'aigle d'Alost. Gaillard 144. Ar. b.c.

109 **Louis de Crecy.** 1322—1346. *Florin d'or.* . L . FLAD . — COMES. fleur de lis. Rev. St. Jean Baptiste debout portant croix. ÷ S . IOHA—NNES . B. Gaillard pl. XXII, n. 183. Or. t.b.c.

110 **Louis II de Male.** 1346 1384. *Viel Heaume* L—V—DOVICVS ⁞ DEI ○ GRA ⁞ COM ⁞ Z ⁞ DNS ⁞ FLANDR—I—E. Deux lions tiennent un écu de Flandre incliné, surmonté d'un riche heaume, dessous FLANDRES. Gaillard pl. XXVI, n. 216. Or. Superbe. Fort rare.

111 *Mouton.* Agneau à tête nimbée à g. dessous LVD'—CO'F à l'entour AGN ⁞ DEI ⁞ QVI ⁞ TOLL' ⁞ PCCA' ⁞ MVDI ⁞ MISERERE ⁞ NOB' var. de Gaillard pl. XXV, n. 210. Or. Beau. Rare.

112 *Lion heaumé.* Lion heaumé assis à g. dessous FLANDRES. Gaillard 214. Or. Beau.

113 *Franc-à-pied.* Le comte couronné debout, dessous FLANDRES L—VDOVIC ⁞ DEI ⁞ G— ○ COM ○ Z . DNS'FLAN-DRI—E. Gaillard pl. XXVI, n. 217. Or. Beau. Rare.

114 -- *Réal au lion.* Le comte assis la main gauche reposée sur un écu au lion LVDOVICVS DEI —× GRA × COM' ⁞ Z DNS FLAND'. Gaillard pl. XXVI, n. 218. Or. Beau.

115 Même pièce. variété LVDOVICVS DEI —× GRA × — COMES Z DNS FLAD' et reposant sa gauche sur un écu au double aigle. var. de Serrure Notice n. 55. Beau. Rare.

116 — *Demi réal* à l'aigle LVDOVICVS DEI — GRA COMES Z DNS FLA'. Même type. Serrure 56. Or. t.b.e. rare.

117 *Quart de réal* à l'aigle LVDOVIC DEI — GRA COMES FLA. Serrure 58. Or. b.e. rare.

118 *Cavalier d'or*. Le comte à cheval à g. Gaillard 212. Or. t.b.e.

119 — *Gros au lion*, 3 var. Ar. b.e. et t.b.e.

120 **Philippe le Hardi** 1384 1404. Chaise d'or. PHILIPPVS DEI — GRA — COM' × Z × DNS FLAD. Le comte assis sur un trône gothique. Serrure 70. Or. t.b.e. rare.

121 *Noble*. P—hS—DEI GRA DVX BVRG CO-MES × Z DNS FLANO. Rev. IhC AVTEM TRANSIENS PER MEDIV etc. Or. b.e.

122 Même pièce, variété PER MEDIVM etc. Or. b.e.

123 Double gros aux deux écussons et lion portant mante. 2 ps. Ar. t.b.e.

124 **Philippe le Bon**. *Cavalier d'or* PhS DEI GRA DVX BVRG Z COME—S FLANORIE. Cavalier armé de toutes pièces, dessous FLAO' × Or. b.e.

125 — *Lion d'or*. Lion à gauche; assis sous un dais gothique. Or. Beau.

126 **Charles le Téméraire**. *Florin d'or* au St. André KAROLVS DEI GRA COFLANO. Rev. SANCTVS — AN-DREAS. Saint André à g. Or. t.b.e. rare.

127 — Même pièce, variété KAROLVS DEI GRA CO FLAN. Or. b.e. Rare.

128 **Marie de Bourgogne**. *Double Briquet* de 1478, 2 var et gros à l'M allemande, aussi de 1478. 3 ps. Ar. t.b.e.

129 **Philippe le Beau**. *Florin d'or* au St. Philippe. PHILIPE ITCED—E PRO NOBI—rS. Rev. PhS DEI GRA ARChID AVST DV BG CO F. Or. t.b.e.

130 — *Double Patard* et Sou sans dates. 2 p. Ar. t.b.e.

131 **Charles V.** *Florin d'or Carolus*. DA . M . VIRTVTE . COTRA . HOSTES . TVOS. Or. t.b.e.

132 **Philippe II.** *Réal d'or*. PHS . D . G . HISP . ANG . Z . REX . COES . FLA. Buste à dr. Or. t.b.e.

133 1558. *Ducaton*, buste cuirassé de Philippe II au titre de roi d'Angleterre COMES . FLAN. Ar. t.b.e.

134 1574. *Ducaton* même type COMES : FLA. Ar. t.b.e.

135 1567. 1/5 *Ducaton*, PHS . D : G . HISP . Z . REX COMES . FLAN. Ar. t.b.e.

136 **Gand** 1582. **François d'Alençon**. *Noble d'or*. Bannière aux trois lis. Or. Beau.

137 **Albert et Isabella.** *Double Souverain* 1616. ALBERTVS . ET . ELI-SABET . DEI . GRA —TIA . ARCHI . — . DVCES Les archiducs

couronnés assis sur un trône, dans l'exergue 1616. Rev. AVSTRIÆ. DVCES . BVR - GVNDIÆ . ET . COM . FLA . Z. Grand écu couronné entouré du collier de la toison d'or. Or. Superbe et rare.

138 **Charles II d'Espagne** 1668. *Lion dor.* (Souverain.) Or. t.b.e.

139 **Marie Thérèse** 1767. *Double Souverain* ARCH . AUST . DUX BURG . BRAB . C . FL . fr. à **Bruxelles.** Or. F.d.c.

140   1758. *Souverain* fr. à **Anvers.** Or. Beau.

141 **Fosdinovo.** Marquisat. **Marie Madeleine Malespina.** 1669 *Luigino* MARCH . FOSD BONIT . VNC . QNQ. Son buste à dr. Rev. INTER . SPINAS . CERVLEA . FLORENT. Armoiries. Jolie pièce et rare. Ar.

142   1668. *Luigino.* Buste de la même princesse PVLCRA . VIRTV-TIS . IMAGO. Rev. Armoiries BONITATIS . VNCIARVM . QVIN-QVE. Jolie pièce et rare. Ar.

143 **La Frise.** Seigneurie. **Bruno.** Denier de **Leeuwarden** v. d. Chijs pl. II 8. Ar. t.b.e.

144 **Albert de Saxe** Gouverneur. *Double braspenning* très rare, mais fruste Ar.

145 **La Frise,** province. 1600. *Demi Escalin heaumé.* Verk pl. 128.4 Rare Ar. b.e.

146 *Snaphaan* de 1582 et *Snaphaan* de 1599, 2 ps. Ar. b.e.

147 1684. *Quatorze Sous* FLORENVS + ARGENT Verk. pl. 127.2. Ar. t.b.e.

148 **Fugger** *Baronnie.* **Maximilian.** 1624. *Thaler* ⊙ MAX : FVG : L : B : IN.   K :ET : W : D : IN . BAB. Quatre écussons posés en croix. Rev. Aigle impérial. Schulthess n. 5062. Rare. Ar. Beau.

149 **Franz Ernst** 1694. *Thaler* écusson surmonté de trois heaumes Sch. 5064. Ar. F. d. C.

150 **Gênes** Duché 1693. *Ducaton.* Madone assise sur les nuages et tenant l'enfant Jésus et un sceptre ET * REGI * EOS * 1693 I. E. Ar. gr. 38. t.b.e.

151 **Grisons. Les trois ligues,** alliance avec **Vénise.** 1603 *Thaler,* le lion de St. Marc courant à g. à l'ex. 1603, le tout dans une couronne de fleurs et de feuilles. Rev. Les écussons des trois ligues, dans une couronne de fleurs. Haller 1805 Cat. Schulth 6409. Ar. Fort rare. Beau.

152 **Gueldre,** comté. **Otton II.** Denier v. d. Chys pl. I.1. Rare. Ar.t.b.e.

153 **Gueldre,** duché. **Guillaume I.** Gros d'Arnhem pl. VII.7 t.b.e. et Gros aux deux lions portant heaume pl. VIII.4. Beau. Ar. 2 ps.

154   Gros à l'écusson heaumé de **Ruremonde** pl. VIII.7 Ar. b.e.

155 **Arnold.** Gros à l'écusson incliné et heaumé, v. d. Chys pl. XI.18. Ar. t.b.e.

156 **Maximilien d'Autriche** tuteur. *Briquet* v. d. Chys pl. XIII.5 et gros à l'M allemande pl. XIII.6; 2 pièces rare. Ar. b.e.

157 **Philippe le Beau.** *Denier aux quatre lions* pl. XIV.1. Rare. Ar. b.e. 2 ps.

158 **Charles d'Egmond**. *Cavalier d'or* (Rijdergulden) : IVL' : C :
ZVT' . Rev. MONO'—GELRE'. Or t.b.e.

159 *Cavalier d'or* pareil IVL : C : ZVT. Rev. MON' o NOVA
AVREA o DVCIS : GELR'. Or. t.b.e.

160 *Double Sol* à l'écusson surmonté de deux heaumes et *Sol* aux deux
heaumes. 4 ps. Ar. b.e.

161 *Snaphaan* de 1513 et *Snaphaan* sans date. 2 ps. Ar. b.e.

162 **Philippe II** *Demi réal d'or* DOMINVS MICHI . ADIVTOR.
Buste à dr. dessous ✠ Rev. PHILIPPVS . D . G HIS . REX .
DVX . GELR. v. d. Chijs p. XXIV.3. Or. b.e.

163 1558. *Ducaton* au buste de Philippe II à g. au titre de roi
d'Angleterre, manque à v. d. Chijs. Ar. t.b.e.

164 1576 *Ducaton* même type, v. d. Chijs pl. XXV.14. Ar. t.b.e.

165 1576. Même pièce, variété de coin, le C de MIC-HI ne touche pas
la toison d'or, contremarquée à l'aigle **d'Arnhem**. Ar. Belle et rare.

166 1/2 *Ducaton* de 1566 et autre sans date 2 ps. Ar. t.b.e.

167 **Gueldre**, province. *Rosenoble* fr. après l'abjuration de Philippe II
avec la lég. ✠ DEVS . TRANSFERT . ET . CONSTITVIT .
REGNA. De Voogt n. 20 pl. III n. III. Rare Or. Beau.

168 1582. *Snaphaan* DEV S . CONSTITVIT . REGNA Z ✠ de
Voogt 28c. Ar. Rare t.b.e.

169 Même pièce sans date, deux variétés, dont l'une contremarquée à
l'écusson d'Arnhem. 2 ps. Ar. t.b.e.

170 *Sou* au titre de Philippe II, contremarqué. Ar. t.b.e.

171 1586 **Leycesterdaelder**. Crown au buste lauré et cuirassé du comte
de Leycestre. Superbe épreuve carrée au poids d'un et demi daelder.
de Voogt n. 46 Verkade pl. 5 n. 3. Argent doré.

172 1697 **Trois Florins** (Drie Gulden) Verk. pl. 14.1. Ar. t.b.e.

173 **Hainaut**. Comté. *Denier* au monogr. hainuayer. Chalon n. 4. Ar. b.e.

174 *Denier* VA . LE . CE . NE. Monogr. Chalon n. 10. Ar. t.b.e.

175 **Jean II d'Avesnes**. *Esterlin de Valenciennes* à la tête de face. Ar. t.b.e.

176 *Esterlin de Mons* au même type. Ar. t.b.e.

177 **Philippe le Bon**. *Double Sol, Vierlander*. Chal. n. 163. Ar. t.b.e.

178 **Etats du Hainaut**. 1578. Ecu au buste de Philippe II à mi-corps
couronné à g. portant sceptre. *Statendaelder*. Rev. PACE ET
IVSTITIA. Fort rare. Ar. t.b.e.

179 **Philippe II**. 1587. Cinquième d'Ecu Philippe CO : HAN. Ar. t.b.e.

180 **Heinsberg**. Seigneurie. **Godefroid II**. *Denier* à tête. Ar. Beau.

181 **Hollande**. Comté. **Guillaume IV**. 1337 45. *Gros au lion* de **Geer-
truidenberg**. Croix coupant la légende intérieure GL' . C—OMES .
HO—LAD'. lég. extér: ✠ BNDICTV : SIT : NOME :
DN : NRI : DEI IHV : XPE. Rev. Lion debout à g. (aigle)
MONETA M' . S' . GERT' dans un entourage de 12 feuilles de houx. comparez. v. d. Chijs pl. XXXVI. 2. Extrêmement
rare. *Voir la gravure*. Ar. Beau.

182 **Guillaume V** de **Bavière** 1345—59. *Chaise d'or* (Klinkaert) à l'écusson écartelé. v. d. Chijs pl. V, 4. Or. a.b.e.

183 — *Double gros Botdraeger* et *Gros au lion* v. d. Chijs, pl. V, 9 et VI. 18. 2 ps. Ar. b.e.

184 **Philippe le Bon** héritier de **Jacqueline.** *Chaise* ou *Ecu d'or.* v. d. Chijs pl. XII. 2. Or. a.b.e.

185 *Demi Chaise d'or*, v. d. Chijs pl. XXII, 5. Or. b.e.

186 **Philippe le Bon.** Comte 1433—67. *Florin de Bourgogne* (au St. André) PhS ꞉ DV—✶ ꞉ BVRG— COMIS— ꞉ bOLD ꞉ Z. croix patteé coupant la légende et chargée des armoiries du comte Rev. ꞉ SANCTVS ꞉ ANDREA—S. Or. Belle pièce, unique et inconnue jusqu'au présent. *Voir la gravure.*
> La pièce retrouvée à présent est fort intéressante, c'est le Florin de Bourgogne, dont la frappe est ordonnée par instruction du 29 Juin 1466. Premièrement est ordonné „estre fait ung florin dor appellé florin de bourgne qui sera à XIX karas dor fin en alloy" De l'ouverture de la boite au 29 Juin suivant il résulte qu'on eût frappé seulement 6370 pièces, qui prouve la rareté extraordinaire de ce Florin d'or.

187 **Philippe II.** 1557. *Ducaton* au buste de Philippe II à g. au titre de roi d'Angleterre C : HOL. var. de v. d. Chijs, pl. XXIX, 14. Ar. b.e.

188 1568. *Ecu* à la croix de Bourgogne C : HOL v. d. Chijs pl. XXXIII, 58. Ar. b.e.

189 ½ *Ducaton* sans date, v. d. Ch. pl. XXXI, 35. Ar. b.e.

190 **Hollande** province. 1589. *Ecu au lion* (Leeuwendaalder) avec HOL . Verk. pl. 48, 3 date rare. Ar. t.b.e.

191 1601. *Escalin* à la rose et *Demi Escalin à la rose.* Extr. rare. 2 ps. Ar. t.b.e.

192 1671. *Ducaton*, avec inscription sur la tranche NERVOS etc. Verk. pl. 41, 3. Fort rare. Ar. t.b.e.

193 1754. *Ducaton* frappé en piedfort, tranche cordonnée. Verk. pl. 42, 1. Ar. Superbe.

194 **Holstein Gottorp.** *Johan Adolf.* 1594. ¹/₁₆ *Thaler* MONE . NOVA . SCHLESWICE 94. 16 dans un écusson, placé sur une croix ornée. Ar. Beau.

195 **Limbourg** (Hohenlimbourg) comté. **Thierri V.** Denier au buste de face tenant sceptre et épée MONETAUNLDNBORGE. Rare. Ar. b.e.

196 **Luxembourg.** Duché. **Wenceslas I.** *Esterlin* aux quatre lions fr. à Mousson. Serrure n. 134. Ar. t.b.e.

197 Même pièce, frappée à **Luxembourg.** 2 ex. Ar. t.b.e.

198 **Josse de Moravie.** Gros à l'aigle portant écusson écartelé. Ar. t.b.e.

199 **Mansfeld** comté. 1531. **Ernst II,** Hoyer VI. Gebhard et Albert. *Thaler.* St. Géorge à cheval à g. terrassant le dragon. Cat. Schulth 5306. Rare Ar. t.b.e.

200 **Johan George I** à **Eisleben, Peter Ernst,** et **Christoph.** 1560 *Thaler* au St. George à dr. Madai 4263. Rare Ar. Beau.

201 **Johan George II** 1632 *Groschen.* Ecusson écartelé entre A K. Ar. t.b.e.

202 **Friedrich Christoph**. 1610. *Groschen* à l'écusson écartelé et heaumé. Ar. t.b.e.

203 **Christoph II**. *Groschen* sans date . DEVS . VIVIT . ET . IVVAT St. George à cheval. Rev. Ecusson heaumé. Rare Ar. t.b.e.

204 **Volrath. Johann** et **Charles**. 1563. *Groschen*. Rare Ar. t.b.e.

205 **Heinrich II** et **Gotthelf Wilhelm**. 1593 *Thaler*. St. George à cheval à g. Madei 1782. Ar. t.b.e.

206 **Mantoue**, duché. **Fédéric II Gonzague**. 1519   40. *Zecchino* FEDERICVS II . MANTVAE . DVX l Polympe au dessus de l'écusson écartelé. Rev. SI . LABORATIS . EGÖ . REFICIAM. Le Christ à mi-corps devant la croix. Or. Beau et fort rare, *Voir la gravure*.

207 **Vincent I Gonzague**. 1592. **Scudo** de **Casale**. Buste cuirassé à dr. Rev. * PROTECTOR . NOSTERA . ASPICE . 1592 * St. George à cheval terrassant le dragon à l'ex. * CASAL * Ar. t.b.e.

208 **Milan** duché. **Galeaz Marie Sforza**. *Teston* au buste. Ar. beau.

209 **Louis XII** (occupation française) *Bisonne* ✠ LVDOVICVS . D . G . FRANCOR . REX. Ecusson de France entre les serpents couronnés de Milan. Rev. -|- MEDIOLANI . DVX . ET . CET . Rare Ar. Beau.

210 **Philippe II d'Espagne** et **Marie d'Angleterre**. *Cavalier* de Milan FILIPV' M—ARIA AN—G—hY?... Rev. Ecusson incliné et heaumé entre FI—MA + DVX MED IOLA NI ZC'. Rare Or. t.b.e.

211 **Monaco. Honoré II** 1653. *Scudo* au buste. Ar. b.e.

212   1655. *Demi Scudo*, même type. Ar. b.e.

213 **Namur**. Comté. *Denier* du temps de **Baudouin** V. de Witte Brabant pl. A 6 et 11. 2 ps. Ar.

214 **Gui de Dampierre**, Esterlin au lion. Chalon n. 53. Ar. t.b.e.

215 *Esterlin* à la tête de face. Chal. n. 56 troué. Ar. t.b.e.

216 *Petit gros*, étoile au dessus de l'écusson. Chal. n. 52. Ar. b.e.

217 **Philippe le Beau**. *Double patard de* 1502 et 1503, 3 var. Ar. b.e.

218 **Orange. Maurice de Nassau**. 1624. Teston, buste à dr. Ar. b.e.

219 **Oostfrise. Juliane de Hesse** 1659. *Demi Thaler* sur sa mort. Ecusson couronné de Hesse, ayant l'écusson d'Ostfrise en surtout, le tout entouré d'un lac d'amour. Rev. lég. en 12 lignes. Madai 1849. Ar. Beau.

220 **Savoie. Louis** 1439 1465. *Parpajola?* Ecusson de Savoie dans un quadrilobe. -|- LVDOVICVS * D * SABAVD...Rev. Croix ancrée -|- PRINCEPS * ACHAE . . . Ar. fort, rare b.e.

221 **Charles II**. 1504 53. *Cavalotto*. Heaume à la tête de lion ailée au dessus de l'écusson incliné CAROLVS . DVX SABAVDIE II. Rev. St. Maurice à cheval à dr. SANCTV'MAVRICIVS'T'B'B. Ar. t.b.e.

222 — *Cavalotto* variété DV X Rev— IS . MAVRICIVS T B— RVNAS—. Ar. t.b.e.

223 **Emmanuel Philibert** 1553—80. *Demi Scudo* de 1562. Buste cuirassé à dr. Rev. Dans une couronne de chêne INSTAR . OMNIVM. dessous P. Ar. beau et rare.

224 **Charles Emmanuel.** 1591. *Ducaton* CAR . EM . D . G . DVX . SABAVD . P . PED. Buste cuirassé à dr. sous le buste 1591. B . A . Rev. Ecusson couronné entre FE RT . | DEVENTRE . MARIS . DEVS . PROTECTOR MEVS. comp. Catal. Rossi 4704. Ar. t.b.e. et rare.

225 1595. *Ducaton.* CAR . EM . D . G . DVX . SABAVD . XI. Buste cuirassé à dr. dessous 1595 - T. Revers comme le précédent. Fort rare. Ar. Beau.

226 1593. *Demi Ducaton* CAR . EM . D . G . DVX . SAB . P . . PED. Buste cuirassé à dr. Rev. NIL . DEEST . TIMENTIBVS . DEVM. Ecusson couronné entre 15 90. Ar. rare t.b.e.

227 1591. *Demi Ducaton* DVX . SABAVD . P . PED. et au revers NIL . DEES. Ar. rare t.b.e.

228 1506. *Teston* CAR . EM . D . G . DVX . SABAVDIE. Buste cuirassé à dr. Rev. Ecusson couronné A DOMINO AVXILIVM . MEVM . à l'ex. 15 * 96 Rare Ar. Beau.

229 1601. *Ducat.* C . EMANVEL . D . G . DVX . SAB . 16 01. Ecusson couronné. Rev. . PAX . IN. VIRT . TVA * La Vierge assise à g., avec l'enfant Jésus. Or. t.b.e.

230 Pièce de *6 Soldi.* Ecusson couronné entre deux noeuds. Ar. b.e.

231 **Stolberg** comté. **Heinrich Ernst** 1778 Ducat. Buste à dr. Rev. Cerf courant à g., dessous 1778. Or. F. d. C.

232 **Tassarola. Livia Spinola.** 1666. *Luigino* LIV . MA . PRI . SP . OM . ET . SOW . DOM. Buste de la princesse à dr. Rev. DNS . ADIVTOR . ET . REDEM . MEVS. Armoiries. Imitation des 1/12 d'Ecu d'Anne Marie de Dombes. Fort rare. Ar. t.b.e.

233 **Urbino. Francesco Maria I della Rovere.** 1508—13. *Zecchino.* FRAN . MA . —VR BI . DVX. Buste du duc à dr. Rev. S . R . E . CAP. GEN SVB . IVL . II . PON . MX. Aigle couronné à g. tenant l'écusson della Rovere. Extrêmement rare. Or. Beau. *Voir la gravure.*

234 **Utrecht** Seigneurie. **Philippe** 1575. *Ducaton* au buste de Philippe à g. type de v. d. Chijs pl. XXIII, 2. Rare. Ar. t.b.e.

235 1571. 1/5 et 1/10 *Ecu Philippe* v. d. Ch. pl. XXIII, 5. 2 ps. Ar. t.b.e.

236 **Utrecht** province. 1601. *Roosschelling.* Verkade pl. 112,4. Ar. t.b.e.

237 1648. *Ducat.* Verkade pl. 98.3 var. Or. t.b.e.

238 1764. *Demi ducaton,* tranche fleuronneé. Ar. beau.

239 1781. *Demi ducaton,* tranche cordonnée. Ar. F.d.c.

240 1794. *Florin.* Ar. F.d.c.

241 **Vénise. Antoine Priuli.** *Scudo della croce.* Ar. beau.

242 **Westfrise** province. 1619. *Rijksdaelder* au buste lauré et cuirassé, portant l'écusson de Westfrise. var. de Verk. 64. 3. Ar. t.b.e.

243 1620. *Rijksdaelder* pareil. Ar. t.b.e.

244 1672. *Ducaton* carré, comparez Verk. pl. 61, 1. gr. 32. Rare. Ar. t.b.c.

245 1673. *Double Sou* au lion remplissant tout le champ et aux armoiries d'Enkhuizen. Verk. pl. 74, 1. Ar. Rare. t.b.c.

246 1765. *Ducaton*. Ar. t.b.c.

247 **Zélande** province. *Double ducat* aux bustes opposés. Verkade pl. 78, n. 1. Or. t.b.c.

248 1590. *Unie ou Leicesterdaelder* aux armes des six provinces. Verk. pl. 84,1. Ar. Rare. t.b.c.

249 *Unie ou Leicesterdaelder* aux armes des sept provinces. Verkade, pl. 84. 3. Ar. t.b.c. Rare.

250 1599. *Écu au lion* nageant. *Leeuwendaelder*, var. de Verk. pl. 87, 5 qui ne connaissait cette date. Rare. Ar. t.b.c.

251 1602. Pièce de *20 gros*, var. de Verk. pl. 89, 2 avec ARGEN. Ar. t.b.c.

252 1658. *Double Ducat*. Verk. pl. 78. 3. Sans tour comme marque mon. Rare. Or. t.b.c.

253 1683. Escalin au lion portant bonnet de la liberté. *Hoedjesschelling*. Verk. pl. 93. 2. Ar. b.c.

254 1758. *Ducaton*, var. de Verk. pl. 81, 3 sans cercle intérieur. Ar. t.b.c.

MONNAIES DES PRINCES ET PRINCESSES DE L'ÉGLISE.

255 **Bamberg** évêché. **Franz Ludwig**. *Thaler de contribution*, frappé pendant la guerre contre la France. Mailliet pl. IX, 4. Ar. Beau.

256 **Cologne**. Archevêché. **Thierry II de Mörs**. Florin d'or de **Riele**. THEO . AREP . COLO . DIED. Rev. MONETA . NOVA . RP. Or. t.b.c.

257 **Liége** évêché. **Rudolphe de Zaeringen**. *Denier* de **Maestricht** de Chestret pl. VII. 129. Ar. t.b.c.

258 **Hugues de Pierrepont**. *Denier* de **Huy**. pl. IX, 171. Ar. t.b.c.

259 *2 Deniers* pl. VIII 155, 156. 2 ps. Ar. b.c.

260 **Jean de Heinsberg**. *billon* et Jean de Bavière, *griffon* et *billon*. Louis De Bourbon *Denier noir*. Chi. 296, 333 et 376. 4 ps. b.c. et t.b.c.

261 **Max Henri de Bavière**. 1676. *Ducaton*, calice comme m.m. Ar. b.c.

262 1681. *Ducaton*, perron comme m. m. Ar. t.b.c.

263 **Minden** évêché. **Christian de Brunswick**. 1633. Thaler sur sa mort. Madai 831. Ar. t.b.c.

264 **Nivelles** abbaie. *Denier* du XIII siècle. Ar. t.b.c.

265 **Saint-Gall**. abbaie. **Bernhard II Müller**. 1622. *Thaler* MONETA * NO * MONA STERII S GALLI. 1622. Double aigle au dessus de l'écusson écartelé. Rev. GLORIA ET · HONOR · ET PAX OMNI OPERANTI BONVM. Saint Gall à mi-corps entouré d'une gloire. regardant un ours. Madai 2091 Haller 2261. Fort rare. Ar. t.b.c.

266   **Salzbourg** archevéché. **Andréas** comte de **Dietrichstein**. 1747. *Ducat.* Or. Beau.

267   **Thorn** abbaie **Marguérite de Brederode**. 1570 *Thaler*. La Vierge au dessus de l'écusson écartelé MO:LI. IMPERIA FVNDAT . IN THORE var. de v. d. Chijs pl. XIX, 23. Ar. t.b.e.

268   1570. *Demi Thaler*. même type MO:LIB IMPERIAL FVNDAT . IN THORE var. de pl. XXXI. 2. Ar. t.b.e.

269   **Anna de la Marck**. *Quatre Sols* AN :   NA : D : G : AB IN . THO REN . CO D . M. Ar. Beau.

270   **Trèves** archevéché. **Conon de Falkenstein.** *Florin d'or* CONO ARCHIEPS TREVEN. Rev. MONETA TREVEN. Or. Beau.

271   **Utrecht.** évêché **Duurstede** sous les rois Mérovingiens. *Triens* ORESTATFIT Buste à dr. Rev. MADELINVS. Croix sur une base. Or. Beau.

272   **Henri III** empereur 1039 56. *Denier*. HEINRICVS REX. Buste couronné de face. Rev. Fronton d'église dans lequel T RA IEC T V. lég circulaire XRISTIANA RELIGIO: van der Chijs pl. XVII.3 Extr. rare. Ar. fruste.

273   **Bernulphe** évêque. Denier de Groningue avec BACVLVS v. d. Chijs pl. II.31 Ar. a.b.e.

274   *Denier* avec CRV ONHV GE dans le champ, pl. I.17. Ar. b.e.

275   **Conrad de Souabe.** *Denier*, comp. v. d. Ch. pl. III 6. Rare. Ar. t.b.e.

276   **Willebrand d'Oldenbourg.** *Denier* à la tête mitrée de face. pl. VIII.4. Ar. b.e.

277   **Sede Vacante** de 1226 1228. *Denier* au buste de St. Martin avec palme et livre. pl. VIII.1. Rare. Ar. t.b.e.

278   **Henri de Vianden.** Quatre *deniers* variés. Ar. b.e.

279   **Jean d'Arckel.** *Gros* au buste mitré au dessus de l'écu d'Arckel. fr. à **Utrecht.** pl. IX.2. Ar. Beau.

280   *Quart de Gros*, même type. pl. 12 ébréché. Ar. a.b.e.

281   **Rudolf de Diepbolt.** *Florin d'or* au St. Martin debout. v. d. Chijs pl. XV.2. Or. t.b.e.

282   **David de Bourgogne.** *Florin d'or* au St. Martin assis sur un siége gothique. v. d. Chys pl. XVII.10. Or. t.b.e.

283   *Sols* de 1471 et de 1472 pl. XVII 17 et 19. 2 ps. Ar. t.b.e.

284   *Doubles Sols* de 1478 4 piéces légèrement variées, dont une contremarquée au lis. 4 ps. Ar. t.b.e.

285   **Verdun.** Evêché. **Thierri** 1047 88. *Denier* TEO DERIC EPS. Rev. M A R I A VIRGO Ar. Rare t.b.e.

MONNAIES DES VILLES ET OBSIDIONALES.

286   **Amsterdam.** 1578. Obsidionale carrée de XL *Sous* de l'argent des Statues de la vieille église. contremarquée de 1578. Mailliet pl. IV.6. Ar. Rare et belle.

287   *V Sous* carré. Mailliet pl. IV.15. Ar. t.b.e.

288   Invasion des Français. 1673. *Double Ducaton*, gravure comme Mailliet Suppl. 3.4. Ar. gr. 64. t.b.e.

289 **Augsbourg**. 1623. ¹⁄₂ *Thaler*, vue de la ville. Ar. Beau.

290 **Bâle**. 1741. *Thaler*, vue de la ville, en haut huit écussons. Madai 4643. Haller 1639. Ar. Beau.

291 **Berne**. 1795. *Thaler* au Suisse debout. Ar. t.b.e.

292 **Besançon**. 1641. *Demi Thaler* au buste lauré de **Charles V**. CAROLVS * V * IMPERATOR. Rare Ar. t.b.e.

293   Thaler, au Charles-Quint debout. CAROLVS . QVINT * IMPERATOR. Ar. Beau.

294 1667. *Demi Thaler* au même type. Ar. t.b.e.

295 **Bologne**. 1797. *Demi Scudo*. La madone dans les nuages, au dessus de la ville. Ar. Beau.

296 **Bolsward**. 1474. *Sou* ✠ MONETA . NOVA . BOLSWORDEN'. Ar. t.b.e.

297 **Brisach**. 1633. Obsidionale carrée de XLVIII Sols. Mailliet pl. XIX.8. Ar. t.b.e.

298 **Campen** 1649. Ecu au lion *Leeuwendaelder*. Verk. pl. 163.3. Ar. t.b.e.

299   1683. *Florin* de 28 Sous FLOR . ARG . CIV IMP . CAMPEN et 830 au dessus de la couronne. Ar. t.b.e.

300 **Chur**. *Zehner* au Saint couronné à mi-corps MONETA . NOVA . CVRIA . RETH. Ar. ébréché mais t.b.e.

301 **Dantzick**, assiégée par **Etienne Balhori** 1577. *Thaler* au buste du Sauveur Maill. pl. XXXIV.3. Rare Ar. t.b.e.

302   1577 *Groschen* du même siége. var. de M. pl. XXXIV.4. Ar. b.e.

303 **Deventer**. Florin d'or au St. Lébuin assis, au titre de Maximilien I. Beau et fort rare. Or.

304 **Deventer, Campen** et **Zwolle**. 1555 *Thaler* au buste couronné de **Charles V**. Madai 4806, v. d. Chijs pl. V.24. Ar. t.b.e.

305 **Dortmund**. *Florin d'or* * MON' (globe) NOVA' (globe) TRE-MONIEN, globe crucigère dans un trilobe. Rev. FRIDERIC' * RO (globe) IMP' L'Empereur debout de face, portant sceptre fleurdelisé. Rare. Or. Beau.

306 **Enkhuysen**. 1673. invasion des Français. Ducaton fr. de l'argent des citoyens, avec l'inscr. sur la tranche GEEFT ONS VREEDE HEERE IN ONSE DAAGEN. Maill. suppl. pl. 32.1. Ar. très beau et rare.

307 **Gand**. 1583. *Escalin* au lion . MON . ARG . CIVITATIS . GANDAV 1583. Rev. La Vierge de Gand AVXIL . NOSTRVM . A . DOMINO. Rare. Ar. gr. 5.5. b.e.

308 **Groningue**. Lot intéressant de monnaies des XV au XVIIme siècles. 12 pièces. Ar. et billon.

309 **Hambourg** 1553. *Thaler* au château et à la Madone. Madai. 2243. Ar. t.b.e.

310   **Hanovre** *XII Mariengroschen* de 1670 et *IIII Mariengroschen* de 1667. 2 ps. Ar. t.b.c.

311   **Juliers,** 1543. assiégée par **Charles V.** *Demi Thaler* obsidional. v. Mieris III p. 76. Maill. pl. LXV. 1. Ar. gr. 14. 5. Fort rare. t.b.c.

312   **Kempten** 1548. *Florin d'or.* Double aigle couronnée MON * NOVA * AVREA * CAMPID. Rev. Saint Magne debout courant à g. et portant une longue croix SANCTVS * M – AGNVS * 48. Extrême-ment rare. Beau. *Voir la gravure.*

313   **Lübeck.** *Florin d'or* de 1591. MONETA . NOVA . AVREA . LV-BEC Les armes de la ville, au milieu le globe impérial et entre la date 9 1. Rev. CIVITATIS . (*) IMPERIALIS. Double aigle ayant en coeur les armes de la ville. Or. Beau. Extrêmemenr rare.

314   **Metz** 1640. ¼ *Thaler.* rare. Ar. a.b.c.

315   *Franc* (XII Gros) de 1659 et *Demi Franc* (VI Gros) de 1641. 2 ps. Ar. b.c.

316   **Middelbourg.** *50 Sols* (Daelder) carré de la siége de 1572. Maill. pl. LXXXIX. 7. Ar. t.b.c.

317   **Minden.** 1634. Obsidionale carrée de *8 groschen.* Maill. pl. LXXXV, 1. Ar. t.b.c.

318   **Nimègue.** *Demi Rijksdaelder* au buste couronné de **Charles V** de Voogt 43 .. Ar. Beau et rare.

319   1568. *Thaler* (Rijksdaelder) à l'écusson couronné, tenu par deux lions. v. d. Chijs. pl. V, 39. Ar. Superbe.

320   1602. *Escalin* et *Demi escalin* à l'aigle. 2 ps. Ar. t.b.c.

321   **Nürnberg** 1577 *Demi Thaler* à 30 Kreutzer * RESPVB *¡NVREN-BERG * * F * F * Deux écussons inclinés. * M * D * LXXV *

322   **Rome.** 1840. Assiégée par les Français XL. XX. X et V *Baiocchi* carrés Maill. pl. XCVII. 6. 7. 8 et 9. Suite rare et belle. Ae. argenté.

323   XL. *Baiocchi* même type. Ae. argenté beau.

324   **Saint-Gall.** 1620. *Thaler.* Haller 1890. Ar. t.b.c.

325   **Schaffhouse.** 1634. *Dicken* Haller 1798. Ar. b.c.

326   1657 *Dicken* MONETA . NOVA . SCAFVSENSIS ÷ 1657 . contremarqué d'une tête de bélier. Ar. t.b.c.

327   **Strasbourg** ¼ *Thaler* s.d. MON . NOV . REIPVB . ARGENTORATE. Rare Ar. Beau.

328   **Tournai.** 1730. Assiégée par les Alliés. 20 Sols carré au buste du commandant de Surville. Maill. pl. CXII n. 14. Ar. t.b.c.

329   Même pièce. variété. Ar. t.b.c.

330   **Ulm.** 1637. *Thaler* à l'écusson orné, var. de Mad. 5141. Ar. Beau.

331   **Utrecht** *Denier* 1520. v. d. Chijs pl. XXV.2. Rare Ar. t.b.c.

332   **Zoug.** 1612. *Dicken* au buste couronné de St. Oswald. Haller 1241. Ar. F. d. C.

333   **Zurich** 1736. *Thaler.* DOMINE . CONSERVA . NOS . IN . PACE dans un cartouche. Haller. 637. Ar. F.d.c.

334   1758. *Thaler* avec vue de la ville. Haller 695. Ar. F.d.c.

335 — 1813. *Thaler de 40 Batz.* Ar. Beau.

336 — 1743. *Demi Thaler* avec vue de la ville. Haller 656. Ar. Beau.

337 **Zutphen.** 1689. *Daelder* de 30 Sous. Ar. t.b.c.

338 **Zwolle.** s. d. *Thaler* à l'écusson heaumé et au titre de **Mathias**, MATTH . I . D . G . RO . IM . SEM . AVGVST. Inédit. Ar. Beau.

339 *Thaler* s. d. au titre de **Rudolph II**, comme Verk. pl. 169, 4 de 1596. Inédit. Ar. t.b.c.

340 1646. *Ducat* avec FARDINA . II—D . G . R : I . HBO, variété inédite de Verk. pl. 168, n. 4. Or. t.b.c.

MÉDAILLES ET JETONS HISTORIQUES.

341 (1485.) Jeton gravé au buste de face de **Henry VII** roi d'Angleterre, portant globe crucigère et épée, dans le champ, rose. Rev. Armoiries. Beau et rare. Ar.

342 (1488.) Buste couronné de Maximilien à g. Rev. Buste couronné de Philippe le Beau à g. Dugniolle 383, var. de van Hende. 276 Jeton fort rare. Ar. b.c.

343 (1491.) **Philippe le Beau.** Réunion du chapitre de la toison d'or à Malines. v. Mieris I 236, 4. Dugniolle 438. Ar. b.c.

344 1494? **Philippe le Beau.** Jeton des gens des comptes en **Brabant.** Ecu en plein champ. Rev. Pandore entre G—B. Dugn. 516. Fort rare. Ae. t.b.c.

345 1497. Inauguration de Philippe le Beau. Même type. Rev. R—C entrelacées. Dugn. 639. Ae. Beau et fort rare.

346 1502. Jeton de l'archiduchesse Jeanne de Castille comtesse de Flandre, au buste couronné de Charles V jeune. Rev. ∽ LARCHƎ DVCƎSSƎ ⚜ DAVSTRICHƧ ⚜ COF, inédit. Ae. t.b.c. Fort rare.

347 (1507.) Jeton de Messieurs de la compte à **Lille.** D. 870. v. Mieris I 390, 3., van Hende 291. Ae. b.c. fort rare.

348 — Jeton du Maitre d'hôtel de Lille D. 881. Ae. b.c. fort rare.

349 1515. Inauguration de **Charles V** dans les Pays-Bas. Buste couronné à mi-corps à g., portant épée entre 15—15. v. Mieris II 6, 2 Dugn. 1043. Ae. Beau et rare.

350 1536. Buste lauré de Charles V, jeton sur la prise de **Tunis** + LA GRACE × DE × DIEV × EST × FORT × GRANDE × AMIS × TVNIS × EN × MACOMMANDE × 1536. Dugn. 1318. Ae. t.b.c.

351 1537. **L'Aretin.** DIVVS . P . ARRETINVS FLAGELLVM PRINCIPIVM. Rev. VERITAS ODIVM PARIT dans une couronne, en haut 1537. Méd. originale des Padouans. Br. t.b.c.

352 1538. Prise de **Nice** par **Charles V.** Jeton rare fr. à **Anvers.** D. 1355. Ae. t.b.c. troué.

353 1538. Jeton curieux + VITA × AVT × EXITIVM × SVCCEDET × FACTIS 1538. D. 1369. Fort rare. Ae. t.b.c.

354   1539. Négociations de Charles-Quint avec la France. Des oiseaux conduits par une cigogne. D. 1394. Jeton fr. à *Dordrecht*. Rare. Ae. t.b.c.

355   1544. Beau jeton. Succès de l'empereur **Charles V,** v. Mieris III 96 n. 1. D. 1576. Ae.

356   1547. Jeton au buste lauré de Charles V, désaccord avec le Pape et François I. D. 1699. Ae. Beau.

357   1546. Pacification de la **Gueldre.** Beau jeton à la tête couronnée de **Charles V.** v. Mieris III 126. D. 1649. Ae.

358   1549. Inauguration de **Philippe II** comme comte de Zélande, jeton au buste de **Charles V.** v. Mieris III 229. D. 1767. Ae. b.c.

359   — Son inauguration comme comte de Hollande PHILIPVS : AVSTR : CAROLI : V : CAES : F ᴀ Buste drapé à g. Rev. COLIT . ARDVA . VIRTVS. 1549. Van Mieris III 231,3 D. 1770. Fort rare. Ae. Beau.

360   1551. Jeton au buste couronné de **Charles V,** guerre contre la France. v. Mieris III 269, 1 D. 1824 var. Ae. b.c.

361   — Même jeton, autre variété. D. 1826. Ae. t.b.c.

362   1552. Jeton au buste lauré de Charles V, paix de Passau. D. 1863. Ae. t.b.c.

363   — Même sujet. D. 1864. Ae. beau.

364   — Même sujet. D. 1893. Ae. beau.

365   1554. Jeton aux bustes opposés de **Christine** de **Danemarc** et de **Nicolas** de **Vaudemont** régents de Lorraine. Fort rare. Ae. t.b.c.

366   1555. Buste lauré et cuirassé de Charles V. Jeton de la chambre des comptes en Hollande. v. Mieris III 372, 3. D. 2001. Ae. b.c.

367   1560, Jeton de **Claudia de France duchesse de Lorraine.** + CLAVDIA. D . G . CAL . LOT . BAR . GELD . DVC. Rev. + SIC + + VOLVERE + D11 + Ae. Beau et rare.

368   1560. Jeton de la même princesse PAR : AMOR : AEQVA : FIDES : 1560. Dugn. 2270 bis. Rare. Ae. t.b.c.

369   — Jeton de **Dordrecht,** Espérance de paix. D. 2236. Ae. Beau.

370   1561. Bonne administration de la duchesse de Parma. D. 2297. Ae. Beau.

371   1565. Jeton à l'hôtel de ville d'Anvers, protection contre les édits. van Loon I éd. fr. 222. éd. holl. 226. D. 2410. Ae. t.b.c.

372   1566. Médaille des gueux, au buste cuirassé de Philippe II. Rev. IVSQVES A PORTER LA BESACE van Loon I éd. fr. 103 éd. holl. 105. Superbe pièce authentique en vermeil.

373   1569. Vengeance du duc d'Albe contre les gueux. Jeton d'Utrecht au buste de Philippe II. v. L. éd. fr. 125, éd. holl. 127. D. 2492. Ae. Beau.

374   1570. Jeton de Charles de **Lorraine.** Dagn. 2526. Ae. Beau.

375   1571. Jeton de Lille aux bustes de Philippe II et de la reine Anne. D. 2540. Ae. t.b.c.

376 1572. Le prince **d'Orange** s'oppose contre le dizième denier. Son buste à mi-corps de face, entouré des armoiries des 9 chefs qui se sont opposés avec lui, Mark-Lumey, van Lier. Bronckhorst, Lippe etc. van Loon I éd. fr. 153, éd. holl. 155. Br. Coulé.

377 1575. Différends au sujet du culte catholique. Beau jeton. D. 2650. Ar.

378 — Liberté des Cultes. D. 2647. Ae. Beau.

379 — Jeton de **H. Zeh.** *In. foelix, fortuna caret aemulis excitat inordiam virtus He. Zeh.* Rev. *Schweig und Leid. Es kunt Di zeit das Schweigen Macht leiden Queit 1575.* Ae. t.b.c.

380 1576. Pacification de Gand. D. 2694. Ar. t.b.c.

381 1577. Buste du prince d'Orange. Rev. buste de **Charlotte de Bourbon**, par Coenraad Block. v. L. éd. fr. 236 éd. holl. 240. 1. Ae. coulé.

382 S.d. Son buste de face. Rev. Les quatres bourgmestres d'Amsterdam, plomb coulé.

383 1583. Jeton. Aversion des Gantois pour le duc d'Anjou, v. L. I éd. fr. 325 éd. holl. 331 n. 2. D. 2940. Ar. t.b.c.

384 1584. Inauguration projeté du prince d'Orange comme comte de Hollande, de Frise et d'Utrecht, son buste drapé à. g. v. L. I. éd. fr. 396 éd· holl. 343. Ae. coulé.

385 1584. Le Prince d'Orange assassiné par Balthasar Gerards. Méd. fr. par les Etats de Zélande, van Loon I éd. fr. 339 éd. holl. 345 n. 2. Ar. gr. 54. t.b.c.

386 1585. Jeton des Etats du Hainaut, au type de l'arche de Noé. Dugn. 3043. Ae. t.b.c.

387 1585. Jeton satirique sur la reddition **d'Anvers**. La reine Elizabeth accepte les propositions des Hollandais. D. 3044. Ar. t.b.c.

388 1587. Jeton d'Utrecht, aux armoiries **d'Amersfoort, Rhenen** etc. Dugn. 3160. Ae. Beau et rare.

389 1589. Siège de Nimègue. Jeton au buste lauré de Philippe II. D. 3250. Ae. b.c. Rare.

390 1588. Le prince Maurice, installé Marquis de Vere. D 3192. Jeton rare en argent. Beau.

391 — Même jeton en cuivre. Beau.

392 1588. Destruction de l'armade espagnole. Méd. rare de Middelbourg aux armoiries du prince Maurice de Nassau-Orange, van Loon I éd. fr. 386 éd. holl. 392 n. 1. Ar. gr. 39. t.b.c.

393 1589. Jeton de Louis Gonzague et Henrica de Clèves ducs de Névers Ae. b.c.

394 1590. Election du prince Maurice comme Stadhouder. v. Loon I éd. fr. 405 éd. holl. 412. D 3256. Ar. Beau.

395 1592. **Coevorden** et **Hasselt** occupées par les troupes des Etats, médaille rare des villes de Deventer, Campen et Zwolle en exhortation à la concorde. De Vries en de Jonge pl. VI n. 6. Madai. 5925. Ar. gr. 42. Belle.

396 1593. Prise de **Geertrudenberg** par le prince **Maurice**. Van Loon I éd. fr. 430, éd. holl. 437 n. 1. Madai 7068 Ar. gr. 24. Beau.

397 1595. L'Espagne déclare la guerre à Henri de Navarre. Jeton rare. van Loon I éd. fr. 448, éd. holl. 456. Ae. Beau.

398 1596. Triple Alliance, Franks 146. Dugn 3398, van Loon I éd. fr. 471 éd. holl. 481 n. 2. Ar. beau.

399 — Même sujet, van Loon n. 4. D. 3402. Ae. t.b.c.

400 1597. Bataille de **Turnhout.** Double Thaler ou médaille aux écussons de l'Overyssel et des membres des Etats. Le prince Maurice à cheval. Madai 2138. v. L. I éd. fr. 482, éd. holl. 494 n. 3. Ar. gr. 46. Belle.

401 Même sujet. Trois jetons D 3412, 3416 et 3418. Ae. Beaux.

402 1603. Siége **d'Ostende.** Jeton. D. 3559. Ar. t.b.c.

403 1604. Prise de **Sluis,** beau jeton de Middelbourg. D. 3579. Ar.

404 1604. Tranquillité de la Zélande. 3582. Ae. Beau.

405 1605. Attentat contre le Parlement anglais, Powder-plot. D 3599 Ar. Beau.

406 1608. Jeton de **Maestricht.** Bonne entente entre le Brabant et le Liége. D. 3640. Ae. Rare. t.b.c.

407 1609. Trève de douze ans. Jetons v. L. II 46, 4 et 6. 2 ps. Ae. t.b.c.

408 — Alliance de l'Angleterre et de la France avec les Pays-Bas. van Loon II 50 n. 1. Franks 22. Ar. gr. 45. Beau et rare.

409 — Jeton sur le même sujet, v. Loon II 50, 2. Franks 23. Ar. t.b.c.

410 — Autre jeton, même sujet aux troix coeurs. v. L. 50, 3 D. 3649. Ae. Beau.

411 — Médaille aux trois coeurs, au même sujet, v. L. II. 50. 4. Franks 25. Ar. gr. 49. Belle et rare.

412 — Excitation à la vigilance. v. L. II. 56. Ar. Beau.

413 1613 Jeton de la Frise. D. 3700. Ae. t.b.c.

414 1617. Avantages remportées aux Indes par les Hollandais v. L. II. 55. Ar. gr. 30. Beau.

415 1619. Synode de **Dordrecht,** var. de van Loon II. 105 sans CVM— PRIV. Franks n. 78. Ar. gr. 60. Beau.

416 — Même médaille, autre variété, sans le chien. Ar. gr. 60. Belle.

417 Jetons fr. à Utrecht de 1613, 1620 et 1622. Ae. 3 ps. Belles.

418 (1621.) **Maurice de Nassau.** Médaillon au buste cuirassé et drapé, et au revers le lion dans le jardin; par C. Maller, manque à van Loon. Ae. coulé.

419 1629. Jeton. Prise de Bois-le-Duc par Frédéric Henri. Délvrance d'Amersfoort et de Wesel. v. Loon II éd. fr. 181 éd. holl. 184. 3 variétés. Ae. belles.

420 1630. Mort de l'Amiral **Pater** au **Brésil.** Jeton au buste de Philippe IV. v. L. II éd. fr. 192 éd. holl. 196 n. 2. Ae. Beau.

421 1631. Bataille sur l'Escaut (op het Slaak) avec une mappe du Brabant et de la Zélande. v. Loon II éd. fr. 194, éd. holl. 197 n. 4. Rare. Ar. gr. 42. t.b.c.

422 — Jeton de la Chambre des comptes de Lorraine et de Bar. Ae. b.c.

423 1633. Jeton de Madame fille unique de Monsieur (Duchesse d'Artois.) Ae. b.c.

424   1634. Levée du siége de Breda. D. 3887. v. Loon II 213—222. Ae. Beau.

425   1636. Jeton du **Franche-Comté**. Un lion poursuit de soldats (Espagnols) fuyants. *Una fugatis hostebis insignes.* Ar. t.b.c.

426   1637. **Brésil.** Erection d'une colonne en honneur de Christoph Artischofski, colonel gouverneur du Brésil, de la Compagnie pour les Indes Occidentales. v. L. II éd. fr. 241, éd. holl. 235. Belle médaille, vraisemblablement postérieure. Ar. gr. 117. Rare.

427   1647. Médaillon au buste du prince Frédéric-Henri par van Abeele, sur ses victoires. Rev. Les armoiries des villes prises, comme **Bois le Duc, Breda, Maestricht, Wesel** etc. v. L. II éd. fr. 288, éd. holl. 298. Br. t.b.c.

428   1648. Paix de Munster. van Loon II éd. fr. 301, éd. holl. 312 n. 2. Ar. gr. 43,5 Beau.

429   1648. **Turenne** chasse les Bavarois au del à de l'Inn. Br. Beau.

430   1650. Siége **d'Amsterdam**, Vue de la ville du côté de l'Amstel. Belle méd par van Riswyck. v. Loon II éd. fr. 337, éd. holl. 349, n. 1. Ar. gr. 48.5.

431   1654. ALSATLE ET LOTHARINGIE SECURITAS. Prise de Beffort. Méd. de Louis XIV, n. 36. Br. Beau.

432   — Traité de **Pisa**, manque à v. Loon et aux Méd. de Louis XIV. Br. Beau.

433   1656. Prise de **Capellen** par Turenne. v. L. éd. fr. 404, éd. holl. 418. Br. Beau.

434   — Même sujet, la ville de Capelle assise. Méd. de Louis XIV, n. 46. Br. Beau.

435   — Prise de **Valence** en Italie VALENTIA AD PADVM VI CAPTA manque à v. Loon etc. Br. Beau.

436   1657. Prise de **Mardick** et de **St. Venant** et délivrance d'Ardres. v. L. II éd. fr. 413. éd. holl. 428. Br. t.b.c.

437   1658. Prise de **Dunkerque**, v. Loon II éd. fr. 418. éd. holl. 432. Br. Beau.

438   — Prise de **Mortara** par les Français. Br. t.b.c.

439   1659. Paix des Pyrénées FUNDATOR PACIS. Méd. de Louis XIV, n. 55. Br. t.b.c.

440   1659. Jeton de la Chambre de la Ville de Bar. Rev. Les trois pensées. Ae. Beau.

441   1660. Jeton. Préliminaires de paix conclues dans l'ile des Faisans. v. Loon II, 438—459, n. 2. D. 4140. Ar. Beau.

442   1661. Couronnement de **Charles II.** v. Loon II 470—489. Ar. t.b.c.

443   1663. Alliance avec les **Suisses.** Méd. de Louis XIV, 74. Br. Beau.

444   1664. Le gros caillou d'Amersfoort. Jeton satirique v. Loon II 474—493. Ae. Beau.

445   1664. Projet de mariage de Marguérite d'Espagne avec Léopold
      d'Autriche. Jeton au buste cuirassé de Philippe IV. Rev. Les trois
      enfants du rois assis de face, van Loon éd. fr. 498, éd. holl. 516.
      D. 4205. Fort rare en argent. Beau.

446   1666. Le port de **Rochefort.** Méd. de Louis XIV, 89. Br. Beau.

447   --- Les Anglais expulsés de l'ile de **St. Christophe,** manque à v. Loon
      etc. Br. Beau.

448   --- Inauguration de Charles II en Brabant. D. 4221. Ar. Beau.

449   1667. Départ de Louis XIV pour la **Flandre,** le roi à cheval (n. 97.)
      Br. Beau.

450   — Campagne des Pays-Bas EXPEDITIO BELGICA. (n. 103.) Br. Beau.

451   1669. Le roi **Casimir** de **Pologne** reçu en France (n. 112.) Br. Beau.

452   1672. Mort tragique de Jean et Corneille de Witt. Méd. repoussée.
      v. Loon III éd. fr. 81 éd. holl. 87, n. 3. Ar. t.b.e.

453   1674. Reprise de Besançon. Br. Belle médaille authentique.

454   1678. Paix de **Nimègue,** fort belle méd. avec vue de la ville de
      Nimègue. van Loon III éd. fr. 233, éd. holl. n. 1. Ar. gr. 89.

455   --- l'Electeur de Saxe nommé chevalier de l'ordre de la jarretière,
      fort belle médaille au St. George. Franks n. 242. Ar. gr. 28.

456   1678. Prise de Lewe dans le Brabant par les Français. v. L. III
      éd. fr. 229 éd. holl. 244. Br. Beau.

457   1680. Le port de **Toulon.** Méd. n. 182. Br. Beau.

458   1681. Défaite des corsaires de Tripoli en Barbarie. Méd. n. 190.
      Br. Beau.

459   1681. Prise de Casal par les Français, buste de Louis XIV. Br.
      t.b.e. authentique.

460   1688. Médaille satirique par Chr. Wermuth sur la fuite du pré-
      tendu prince de Galles. Le moine Peter sur un écrévisse, tenant
      le petit prince dans les bras, ALLONS MON PRINCE NOVS
      SOMMES EN BONCHEMIN, van Loon III éd. fr. 367,1 éd. holl.
      392. Rare. Ar. gr. 16.5. t.b.e.

461   1689. Inauguration de **Guillaume III** comme roi d'Angleterre, fuite
      du roi James et du moine avec le prince de Galles, avers v. Loon
      III éd. hol. 473, éd. fr. 441, revers éd. fr. 386, éd. holl. 415, n. 3.
      Franks, n. 43. Ar. gr. 50.5. Fort rare. Beau.

462   Même sujet aux bustes accolés du roi et de la reine, v. Loon
      éd. fr. III 379,1. éd. holl. 407. Franks 25. Ar. t.b.e.

463   1690. Défaite du duc de Savoie près de Staffarde. Méd. n. 230.
      Br. Beau.

464   **Savoie** soumis aux Français SABAVDIA SVBACTA. v. L. éd.
      fr. IV. 18, éd. holl. III 506. Br. t.b.e.

465   --- **Amsterdam** munie de nouvelles digues et fortifications PACTIS
      CONTRA GALLIAM REGIBVS FIRMATVS TERRAQUE MA-
      RIQUE FINIBUR etc. v. Loon III éd. fr. 442, éd. holl. 474. Ar.
      gr. 86 Beau.

466   1691. Prise de **Nice** et de **Mons en Hainaut**, v. Loon IV éd. fr. 68, éd. holl. 4. Br. t.b.c.

467   1695. Mort de la reine **Marie d'Angeleterre**. Belle méd. avec son buste drapé à dr. par Luder, van Loon IV. éd. fr. 179, éd. holl. 120 n. 3. Franks n. 348. Br.

468   1697. Prise de **Carthagène** en **Amérique**. Méd. n. 267. Br. Beau.

469   - Couronnement d'August II roi de Pologne, le roi à cheval. Ar. t.b.c.

470   - Superbe médaille sur la paix de **Ryswick**. Vue du palais du roi Guillaume III, à l'ex. *Pax. Gener. in arce Ryswyk, domo princip. Araus Mag. Brit reges*; par Boskam. van Loon éd. fr. IV 264, éd. holl. 206. Franks n. 449. Ar. gr. 69. Rare.

471   1708. Prise de la ville de **Lille** par le prince Eugène et Marlborough. v. Loon V éd. fr. 112, éd. holl. IV 535 n. 1. Franks, n. 159. Ar. gr. 33. Bea et rare.

472   1708. Prise de la citadelle de **Lille** par les Alliés. La France assise et montrant un Lis (Lille) qui est tombé de ses armoiries. Rev. Vue de la ville, à l'ex. *Urbe reddita d. 23 oct. Castello d. 9 dec.* MDCCVIII, v. Loon éd. fr. V, 119, éd. holl. IV 544, n. 3. Franks 171. Ar. gr. 29,5. Beau et rare.

473   -- Même sujet, au revers le tour de Babel. Prise de la ville par le prince **Eugène de Savoie**. Franks 170, van L. éd. fr. V, 119 éd. holl. IV, 544, n. 4. Ar. gr. 35.5. Beau.

474   1789. Prise de **Tournai**, v. Loon éd. fr. V, 141, éd. holl. IV 566, n. 5. Franks n. 193. Etain. fr. originale. t.b.c.

475   1710. Prise de **Douay**. Superbe médaille au buste lauré de la reine Anne à g. par Croker. Franks, 213 v. L. éd. fr. V, 165 éd. holl. IV 591 n. 1. Ar. gr. 42.

476   Même médaille en bronze. Belle.

477   -- Même sujet, deux soldats tenant ensemble une monnaie sur laquelle DO-VAY et jouant aux dés, l'argent de l'un est marqué avec MONS, RUSEL (Rijssel) DORNIC et de l'autre ARRAS PARIS, v. Loon éd. fr. V, 165, éd. holl. IV, 591 n. 2. Franks 217. Ar. gr. 29.5. Beau et fort rare.

478   — Même sujet. Pallas prend la moitié de la foudre de Jupiter. Rev. Plan de la ville de Douai DVACVM CAPT. v. Loon éd. holl. IV 591 n. 3, éd. fr. V 165. Franks 216. Ar. gr. 30. Beau et fort rare.

479   1711. **Nassau**. Mort du prince **Johan Willem Friso**. Son buste à g par Simon. Br. Beau.

480   1713. **Lille**. Méd. sur la paix d'Utrecht, van Hende n. 549. Br. Belle.

481   -- Autre méd. au buste de Louis XIV sur la paix HONOS ET VIRTVS Mm. 55. Br. Belle.

482   1714. Superbe médaille en or, offerte par le Maître de la Monnaie de la Gueldre à Harderwijk **Hendrik Cramer** aux Sénateurs et aux Maîtres des Comptes du duché de Gueldre et du comté de Zutphen. La Vierge néerlandaise assise sur un autel et couronnée par Pallas et Junon. De Vries en de Jonge pl. II. 8. Extrêmement rare. Or. gr. 33,3. F.d.c.

483   1717. **August Wilhelm de Brunswick-Wolfenbüttel.** Médaille sur le second jubilé séculaire de la réformation, au buste cuirassé du duc. Rev. L'église et le peuple fêtant le jubilé en jouant de toutes sortes, d'instruments. ECCLESIA . TERRAR . BR . WOLFFENB . IVBILANS. Superbe méd. rare avec inscription sur tranche. Ar. gr. 58.

484   (1717) Jeton de la chambre de commerce de Lille, van Hende 49 a.b.c. y joint Jeton de Bar de 1644, d'Artois et 3 de Paris. 6 ps. Ae.

485   1725. Mariage de Louis XV et de Marie Leczynska. Buste du roi à dr. Rev. Buste drapé de la reine à g. par Duvivier. Br. Beau.

486   1730. Superbe médaillon au buste de Luther et aux armoiries **Saxe, Brandenbourg, Lunebourg, Hesse, Anhalt, Nürnberg et Reutlingen,** sur le jubilé de la réformation à **Amsterdam,** par M. Holtzhey. v. Loon. Suppl. n. 54. Mm. 61. Ar. gr. 86. Rare.

487   Deuxième jubilé séculaire de la confession **d'Augsbourg** fêté à **Amsterdam,** belle méd. par M. Holtzhey v. Loon. Suppl. n. 55. Ar. gr. 52.5.

488   1732. Exodus des protestants de Salzbourg. *Da ist mein rechter Vatterland.* Ar. Beau.

489   1733. Belle méd. au buste de Louis XV. Société française des Indes. Mm. 58. Br.

490   1734. Mariage de **Guillaume IV** et d'Anne d'Angleterre, v. Loon. Suppl. 88. Franks, n. 56. Belle médaille du graveur. P. J. Werner de Nuremberg. Ar. gr. 29. Rare.

491   1736—1768. Médailles en argent, princesse Caroline. Suppl. 294. Enterrement de Guill. IV. Suppl. 310. Visite à Amsterdam. Suppl. 424. 3 ps. Ar. gr. 28. Belles. Y joint Suppl. 181 coulé, 235 et 236 Ae. et Visite à Broek in Waterland, papier doré.

492   1737. Inauguration de **Guillaume IV** comme Seigneur de **Bréda.** van Loon Suppl. 117. Franks. 74. Ar. gr. 31.4. F.d.C.

493   1734. Réception du prince **Guillaume IV** et de la princesse **Anne** en **Frise.** v. L. Suppl. 92. Franks n. 64. Ar. gr. 8,5 Beau.

494   1739. **Sardaigne. Charles Emanuel,** son buste cuirassé de face, regardant à dr. Rev. Le roi debout accompagné par Minerve et couronné par la Victoire. Belle méd. par Dassier. Mm. 53. Br.

495   1742. Jeton, couronnement de l'Impératrice Elisabeth de Russie. Ar. t.b.e.

496   1744. Jeton au buste de **Marie Thérèse,** le vieux bourg de Gand. sous le buste H (Harrewijn) Ar. Beau.

497   Même jeton, sous le buste R (Roetters) Ar. Beau.

498   1744. Reprise de Prague par Charles de Lorraine SVBSIDIO BRITANNIA. Franks 239. Ae. t.b.c.

499   1746. Exécution des rebelles après la bataille de **Culloden.** Le duc de Cumberland à cheval. Franks n. 289. Ae. t.b.c.

500   1746. Jeton du Trésor royal, au buste cuirassé de Louis XV. Ar. Beau.

501 1748. Paix d'Aix-la-Chapelle, méd. municipale double de Bois le Duc. Ar. Belle.

502 - Même sujet, méd. municipale simple. Mars courant à dr. Ar. belle.

503 1758. Le rhinoceros apporté à Amsterdam en Septembre de l'an 1741 par le capitaine D. Mout van der Meer est pesé à Stuttgart 6 Mai 1748. Le rhinoceros à g. dessous Nürnberg. Rev. lég. italienne en 17 lignes. Rare. Etain. t.b.e.

504 1751. Décès du prince **Guillaume IV** de Nassau-Orange. Suppl. 303 var. Ar. Beau.

505 1754. Jolie médaille sur le nouvel an. Ar. gr. 26, belle.

506 1755. Jeton de Jeu du Maître de la monnaie Cramer à Harderwijk. Jolie pièce. Ar. belle.

507 1756 **Frédéric le Grand**, Victoire près de Prague, son buste cuirassé à dr. Mm. 49. Br. Beau.

508 1757. Inspection de la Monnaie à **Harderwijk.** Suppl. 340. **Ar. gr.** 24. t.b.e.

509 1759. Décès de la princesse Anne d'Angleterre, Gouvernante des Pays-Bas. Suppl. 349. Franks 417 Ar. gr. 23 Beau.

510 1759. Prise de **Guadaloupe** de **Quebec** etc. par les Anglais. Méd. originale au buste ds George II. Franks n. 444. Betts 418, Ae. Rare. belle.

511 1560. **Nassau Weilbourg**. Mariage de Charles Christian avec **Caro-** line de Nassau - Orange, v. Loon. Suppl. 359. Ar. gr. 10.5 Beau.

512 1761. **Amiens.** Jeton de la chambre du commerce de **Picardie.** Ar. t.b.e.

513 1766. Le Prince Guillaume V proclamé Stadhouder, son buste cuirassé à dr. Rev IN MENTORE CERNO MINERVAM le duc de Brunswick et le prince d'Orange. Méd. rare par van Berckel. Suppl. 383. Br. belle.

514 - Réception du prince Guillaume V à Campen. Un drapeau offert au corps de Cadets. Son buste à g. par Holtzhey. Suppl. 394. Ar. gr. 17, Beau.

515 - Jeton au buste de Louis XVI à g. par Droz. *Juge et Consuls de Sens 1766.* Ar. Beau.

516 1766. **Louis XV**, son buste lauré à dr. par Roettiers fils. Jeton des Procureurs du Chatelet. Ar. Beau.

517 1767. L'impératrice Marie Thérèse guérie de la petite vérole. Belle méd. avec son buste richement drapé à dr., par Wideman. Pestilentia in nummis 376. Ar. gr. 60.

518 1768. Jeton au buste lauré de **Louis XV.** Extraordinaires des guerres. Ar. Beau.

519 1770. Naissance d'une princesse d'Orange. Suppl. 440. 441 et 442. 3 belles médailles. Ar. gr. 38.

520 1772. Naissance du prince d'Orange. Méd. rare par van Berckel. Suppl. 475. Ar. gr. 32. Belle.

521 1772. La compagnie d'assurances à Embden érigée. Méd. au nom du directeur Osterkamp. Ar. gr. 20. t.b.c.

522 1773. Mariage de Marie Thérèse de Sardaigne avec le d'Artois. Rev. L'ordre de St. Michael à la date 1729. Mm. 41. Ar. gr. 31. Belle et rare.

523 1777. Jeton de Jean Charles Pierre Lenoir, lieutenant général de la police à Paris, il se distingua surtout par l'assainissement de la ville. Ses armoiries couronnées dessous 1777. Rev. Une cigogne près de ses petits *vigilat ut quiescant* 1713. Rare. Ar. t.b.c.

524 1778. Mort de A. P. van Uchelen femme du Pasteur S. D. Deiman à Utrecht; comparez Suppl. 509. Ar. gr. 8. Beau.

525 s.d. **Louis XVI**. Son buste à dr. par Gatteaux. Jeton de Cambrai. Ar. Beau.

526 1778. Sa tête à dr. Jeton des extraordinaires des guerres. Ar. b.c.

527 1780. Marie Christine d'Autriche et Albert Casimir de Saxe nommés Gouverneurs de la Belgique. Beau jeton octogone aux bustes opposés. Ar. gr. 19.5.

528 1785. Paix avec l'Empereur Joseph II. Superbe méd. offerte par les marchands d'Amsterdam. Suppl. 627. Ar. gr. 38.

529 1786. Jubilé séculaire **d'Erlangen**. Ar. gr. 6.5 t.b.c.

530 1787. Victoire der Patriotes près de la fosse de Jutphaas. Ar. gr. 7.5 t.b.c.

531 Concorde des quartiers de la Gueldre, maintien de la paix. Suppl. 776. Ar. gr. 32. Beau.

532 1790. *Fédération martiale tenu à Lyon le 30 Mai 1790*. Méd. portative octogone. Cuivre argenté. t.b.c. Rare.

533 1793. Décapitation de Louis XVI et de Marie Antoinotte. Leurs têtes superposées ornées de palmes de martyrs. *Mertyrer durch ungeheuer Ihres Volks*. Ar. gr. 11. t.b.c. Rare.

534 1799. Décès du prince Guillaume George Frédéric de Nassau-Orange à Padoue. Buste presque de face. Br. Beau.

535 1808. Napoléon I. Réunion de l'Etrurie à la France. Br. Beau.

536 1810. Mariage de Napoléon I et de Marie, leurs bustes accolés Mm. 31. Br. Beau.

537 1813. Bataille de **Leipzig**. Jeton aux bustes des Empereurs de Russie et d'Autriche. Ae. F.d.c.

538 1813. Arrivée du prince d'Orange à Amsterdam, jeton avec son buste à g. Ae. t.b.c.

539 — Jeton des Charbonnages. Approvisionnement de Paris. octogone. Etain. t.b.c.

540 1814. Jeton au buste de **Blücher**, bataille de **Brienne**. Ae. argenté. t.b.c.

541 1814. **Sardaigne. Victor Emanuel** à cheval. Erection de la garde à cheval de volontaires des familles nobles. Mm. 38. Br. t.b.c.

542 1815. Médaille capitale et superbe sur la bataille de **Waterloo** par Pistrucci. Réproduction du droit et du revers en souffre noir, dans l'écrin original de fer blanc. Mm. 138. Extr. rare.

543 1816. Mariage **d'Anna Paulowna** grand-duchesse de **Russie** et du prince **d'Orange**. Dirks 81. Ae. t.b.c.

544 **Anna Paulowna**, son buste à g. par Simon. Dirks 89. Br. Beau.

545 -- Son buste drapé à dr. Beau médaillon. Fer de Berlin.

546 1817. Fête triséculaire de la réformation Jeton de Franckfort en argent et au buste de Luther en cuivre argenté. 2 ps.

547 1818. Monument en mémoire des campagnes de 1813 - 15. Méd. aux bustes d'Alexander I de Russie et de Friedr. Wilhelm III par Brandt. Mm. 56. Br. t.b.c.

548 1826. **Banque de la Guadeloupe**. Jeton octogone au buste du roi Charles X. Ar. t.b.c.

549 1830. Troisième fête séculaire, de la confession **d'Augsbourg**. Méd. aux bustes à mi-corps de Luther, Jean de Saxe et de Mélanchton. Rev. *Ein fester Burg ist unser Gott*, le Wartburg. Ar. gr. 10. t.b.c.

550 1815 - 1840. Médailles du regne de Guillaume I. Dirks 40, 61, 62, 86, (rare) 179, 233, 283, 354 et 569. 9 pièces bronzes, belles.

551 1825. Mariage du prince Frédéric des Pays-Bas et de la princesse **Louise de Prusse**. Leurs bustes superposés. Dirks 254. Br. Beau.

552 1830. Mariage du prince **Albert de Prusse** et de la princesse **Marianne des Pays-Bas**. Leurs bustes superposés. Dirks 355. Br. Beau.

553 1831. Mort héroïque de J. C. J. van Speyk, avec *de Vindice celsior igne* et l'autre avec *de onsterfelykheid is zyn deel*. 2 Méd. Ar.

554 1840. Médaillon au buste de face en uniforme, du roi Guillaume II. Mm. 80. Fer. curieux.

555 1845. Guillaume II, érection de la statue du prince Guillaume I vis à vis le palais royal à la Haye. Dirks 639. Y joint Dirks 587. 2 ps. Br. Belles.

556 1853. Mariage du prince Henri des Pays-Bas et de la princesse Amélie de Saxe-Weimar. 744. Br. Beau.

557 1857. **Vienne**. Jubilé de 50 ans „K.K. landwirthschafts Gesellschaft." Superbe méd. un paysan avec des abributs d'agricole assis près d'un cheval, une vache et un brébis, par Radnitzky. Mm. 67. Br.

558 1859. **Pas de Calais**. Prix départemental à la tête de Napoléon III à g. par Barre. Ar. gr. 74.5. F.d.C.

559 S.d. Société des Agriculteurs du Nord. Méd. aux armoiries d'Avesnes, Cambrai, Douai, Dunkerque, Hazebrouck, Lille et Valenciennes. Ar. gr. 40. t.b.c.

560 1858. Majorité du prince d'Orange, tête du prince à dr. par de Vries et autre avec la tête à g. par v. d. Kellen. Dirks 809 et 810 2 ps. Br. Belles.

561 1863. Superbe méd. de la Société zoologique à Hambourg, par Lorenz. Mm. 56. Br. F.d.c.

562 1879. Décès du prince **Henri des Pays-Bas**. Cat. Menger n.667 Br. F.d.C.

563 1888. **Transvaal**. **Cerrode Pasco Goldfields**. Médaille sur l'institution de la direction des mines d'or. Monogramme. Or. gr. 32.5 Extrêmement rare. *Voir la gravure.*

564   1890. Mariage de l'Archiduc Franz Salvator d'Autriche avec l'archiduchesse Marie Valérie d'Este. Leurs bustes superposés à g. Superbe médaille d'une gravure artistique par Scharff. Ar. gr. 39.5.

565   1890. Mort du roi Guillaume III. Cat. Menger 729. Br. F.d.c.

566   1893. **Oudshoorn.** Roei- en Zeilvereeniging „Hollandia". Ar. gr. 18. t.b.c.

MÉDAILLES AUX MONUMENTS CÉLEBRES, PAR WIENER.

567   Ecrin contenant. St. Bavon à Gand, St. Gudule à Bruxelles, Notre Dame à Tongres. St. Rombout à Malines. Notre Dame à Anvers. St. Aubain à Gand. St. Jacques à Liége. Le Cathédral à Tournay. St. Sauveur à Bruges et St. Martin à Ypres. Mm. 50. 10 pièces. F.d.c.

568   Le Cathédrale à Strassbourg. Mm. 59. Br. F.d.c.

569   St. Apollenariskirche à Remagen. Mm. 59. Br. Beau.

570   Le Synagogue à Cologne. Mm. 59. Br. Beau.

571   St. Sophie à Constantinople. Mm. 59. Br. F.d.c.

572   Le Cathédrale à York. Mm. 59. Br. Beau.

573   St. Rombout à Malines. Mm. 50. Br. Beau.

574   Hôtel de ville à Gand. Mm. 50. Br. t.b.c.

575   Cathédral à Tournay, l'extérieur et le plan. Mm. 50. Br. Beau.

576   St. Marie à Belem (Lisbonne) fondée en 1499 par le roi Emmanuel Mm. 50. Br. Beau.

577   St. Isaac à St. Petersbourg bâtie par Pierre le Grand. Mm. 50 Br. Beau.

578   Le Dôme de **Sienna.** Mm. 50 Br. Beau.

579   Le Dôme de Florence. Mm. 50 Br. Beau.

580   Le Couvent (convento) de Batalha. Mm. 50 Br. Beau.

581   Stephanskirche à Vienne. Mm. 50. Br. Beau.

MÉDAILLES ET DÉCORATIONS MILITAIRES.

582   **Abyssinia.** Médaille décoration des officiers du 26me régiment au nom de *T. Taylor* 26me *Regt.* Buste de Victoria en médaillon. Ar. Rare. Belle.

583   **Allemagne.** 1813. Médaille portative ovale aux armoiries de Russie, Autriche, Prusse et Suède, dessous *Deutschland 1813.* Arg. Belle.

584   **Amsterdam** 1795. Ruban tricolore, porté par les révolutionnaires le 19 Janvier 1795 lors de l'institution de la république. Beau et rare.

585   — 1814. Siége de Naarden. Méd. portative *Hulde van de Hoofd-commissie te Amsterdam. Beleg van Naarden 1814.* Ar. gr. 7.5. Belle.

586   — Même méd. petid module avec ruban du temps. Ar. gr. 2.5. Belle.

587   **Angleterre.** Méd. *For long Service and good conduct* avec 3997 **Pte A. Carter** 67th Foot. Ar. gr. 35,5. Belle.

588   **Annam.** Empereur **Tuduc.** Décoration pour les volontaires dans la guerre de 1858 contre la France. Plaque en argent, hauteur Mm. 133. gr. 31. Rare t.b.c.

589   **Anvers** 1831. Méd. portative pour les défenseurs de la Citadelle. Mm. 30. Br. Belle.

590   Méd. offerte aux Officiers. sans nom. Mm. 51. Br. t.b.c.

591   **Arnhem** 1799. Méd. pour les gardes civiques. *Aan Deugd en Dapperheid.* Etain. t.b.c.

592   **Atjeh.** Expédition de 1873—74. Méd. honorifique au buste du roi Guillaume III. Mm. 37. Br. dorée. F.d.c.

593   Même médaille. Mm. 29. Br. dorée. F.d.c.

594   Expédition de 1873—1876. Croix quadrangulaire avec agrafe. Mm. 44. Nickel. t.b.c.

595   Même croix. Mm. 27 avec deux agrafes Atjeh 1873—1874 et Atjeh 1873—1880. Nickel t.b.c.

596   ·   Même croix en argent. Mm. 27 avec ruban. sur l'agrafe Atjeh 1873—1876. Ar. Belle.

597   **Autriche. François Joseph.** 1848. Méd. au buste lauré de l'empereur à. g. *Dem Tiroler Landes Vertheidiger 1848* avec rubant vert-rouge Ar. Belle.

598   1848—1873. Méd. en bronze doré avec ruban jaune-noir. *2 December 1873* (pour les combattants). Belle.

599   **Bade. Léopold.** *für treuen Dienst in Kriege.* Br. t.b.c.

600   **Baltique.** Expédition anglaise 1854—55. au buste couronné de Victoria Rev. BALTIC. Ar. t.b.c.

601   **Belgique.** 1790. Médaille offerte aux troupes qui ont apaisées la révolution brabançonne. *Fides et Constantia Patrii militis* Ar. gr. 8,5 Belle.

602   1790. Décoration portée par les partisans de la révolution brabançonne. Lion doré et couronné sur une étoile cruciforme Ar. gr. 17,5. Belle et fort rare.

603   1832. Décoration satirique de la révolution belge. ORDRE DU LIEVRE 1832 DIEU PROTEGE LES POLTRONS Plomb. fort rare, t.b.c.

604   **Ordre de Léopold** aux épées (militaire) Argent émaillé et or, avec ruban. Beau.

605   Croix de l'orde de Léopold. en bronze doré. avec ruban.

606   Ordre de Léopold (aux épées en sautoir) militaire. petit module Ar. émail. et or.

607   ·   Même croisette, sans les épées.

608   Croix rouge. Croix en argent émaillé en noir. au milieu une croix rouge sur blanc. entourée de *Volontaires internationaux-Belgique* avec ruban. Ar. t.b.c.

609   Croix de fer de 1830. croix en vermeil émaillé en noir. plaques et couronne en or. Belle et rare.

610   **Bolivie.** 1825. Méd. ovale militaire. pour les soldats dans les guerres d'indépendance. *La republica Bolivar agradecedu al heroe cuyo nombre elevra.* Fonr. 9450. Mm. 41—35. Ar. gr. 27. F.d.c.

611   **Bolivie** 1866. Bataille de **Callao.** Méd. rare pour les combattants. croix hexagone br. sur flan rond. au milieu tête de Melgarejo

BOLIVIA A LOS VENCEDS DEL CALLAO. Ber. EN LA TOR-
NADA JEL 2 DE MAYO DE 1866. Armoiries Four. 9198. Ar. gr.
33. Superbe.

612 **Bolivie.** Ordre de San Juan, avec la dévise *Urbis reparatae me-
mores — rires.* Jolie étoile à huit rais en émail blanc sur vermeil,
posée sur une couronne de chêne, émail vert sur vermeil, le tout
surmonté d'une couronne civique. Mm. 50 avec la couronne, gr.
17,5, vermeil.

613 **Brésil.** Guerre contre **Paraguay**, Prise d'Uruguayana, Méd. pour
les combattants. Meili pl. XX. 113. Ar. Belle.

614 **Brésil.** Ordre de la rose, plaque de commandeur. Superbe pièce en
or, sur laquelle une étoile hexagonale en émail blanc, au milieu
monogr. entouré d'AMOR E FIDELITAD en caractères d'or sur
émail en azur, le tout entouré d'une couronne formée de 18 boutons
de roses. Mm. 58. Or. gr. 34,5.
     La plaque de la rose du Brésil, c'est bien une des décorations les plus
élégantes du monde.

615 -- Décoration de la rose du Brésil, petit module. Or. gr. 1.3 Belle.

616 — Croix de l'Etoile noir du Sud, croix en arg. émaillé, blanc-bleu
surmontée d'une étoile noir sur vermeil avec couronne de laurier.
Mm. 60. Belle.

617 **Brunswick.** Très jolie croisette de l'ordre du Lion de Brunswick,
miniature. Or. et émail.

617*a* **Chile.** Superbe décoration en or, pour les officiers qui se sont distingués dans le campagne contre Bolivie et Pérou du 14 février
1879 au 7 Juin 1880, avec une barre sur laquelle TA6NA-MAYO
26 1880, avec ruban. Or. gr. 13.4

618 **Congo.** Méd. de l'Etoile a Africaine avec couronne. Bronze belle.

619 — Méd. de la Campagne-arabe 1892—1894 au buste du roi Léopold.
Bronze belle.

620 -- Décoration de Commandeur de l'étoile africaine. Belle pièce
en vermeil et émail, au monogr. couronné de Léopold souverain.
Mm. 85 gr. 36.7.

621 -- Même décoration d'officier, petit module.

622 -- Croix du Lion du Congo. Arg. émail blanc-bleu. plaque en
or au lion et au monogr. de Léopold, petit module.

623 **Danemarc.** Grand-Croix de l'ordre de **Danebrog**, Superbe croix en
or, émaillée en blanc, encadrée en rouge et cantonnée de 4 couronnes en or massif, au centre C 5 sous une couronne et accosté
de GVD—OG—KON—GEN, entre la croix et la couronne se trouve
le monogr. de Christian VIII. Sur l'émail du revers de la croix,
en haut FVI et au milieu W couronnés, et les dates 1219—1671—
1808. Décoration magnifique, Or. gr. 53 avec ruban rouge.

624 **Darien Compagny's** Gold Medal to Alex. Campbell 1700. Exemplaire
fr. en plomb. Rare. t.b.c.

625 **Doggersbank.** Combat naval des Hollandais contre les Anglais en
1782, ruban porté par les marins lors de leur réception à Amsterdam. Un triton portant le pavillon tricolore néerlandais et pousse
le cri DOGGERSBANK. Fort rare, beau.

626 **Egypte.** Expédition de 1885. Méd. au buste voilé et diadémé de Victoria reine et impératrice. Sur l'agrafe SUAKIN 1885. Sur la tr. 8647 P⊤ᴇ F PICKETT. 3; GREN ᴿ Gᴰˢ avec ruban. Ar. Belle.

627 — Même expédition, sur l'agrafe, EL—TEB—TAMAAI avec ruban. Ar. Beau.

628 — Même expédition, avec deux bars (agrafes) TOFREK et SUA-KIN 1885, au nom de Pᵀᴱ H. RANSON BERKS : R. Ar. t.b.c. avec ruban. Rare.

629 — Plaque du 89 regiment avec JAVA—NIAGARA—AVA et EGYPT. Bronze doré superbe. Rare.

630 **Espagne.** Plaque de commandeur de l'ordre d'*Isabella la Catolica*, du temps de Ferdinand VII. Croix en or, ornée d'émaux translucides fort artistiques. Or. gr. 33, 8. Superbe.

631 — Croix de chevalier du même ordre, avec couronne de chêne, cuivre émaillé, avec ruban.

632 — Plaque de l'Ordre militaire **San-Fernando.** Le Saint Ferdinand debout et de face; émail sur or entouré d'AL MERITO MILITAR. Or, argent et émail, très belle et rare.

633 Ordre de la Charité, pour les Dames, institué par la reine Mar-guérite. Très jolie croisette surmontée d'une couronne. Rare. Ar. émail, or.

634 **France.** Institution de l'ordre de la légion d'honneur, Méd. au buste de **Henri III**, par Depuymaurin. Mm. 41. Br. Belle.

635 — Institution de l'ordre du lis, Méd. au buste en uniforme de Louis XVIII. Rev. la „Décoration du lis". Br. Mm. 41. Belle.

636 — Même sujet, pour les journées de 12 Avril, 3 Mai 1814. 19 Mars, 8 Juillet 1815, à la tête de Louis XVIII, lég. *Fidélité Dé-vouement.* Mm. 41. Br. Belle.

637 — Décoration pour les services pendant les journées de Juillet 1830. Croix triangulaire. Inscription sur l'émail *Donné par le roi des François* -- *27, 28, 29 Juillet 1830,* et au revers *Patrie et Liberté* et le Coq gaulois. Arg, or et émail. avec ruban. Jolie et rare.

638 — Médaille décoration pour les mêmes événements, avec ruban tricolore. Arg. rare.

639 — Expédition de 1883—85 contre le **Tonkin, Chine** en **Annam.** Méd. sur laquelle Sontay. Bac-Ninh, Fou-Tchéou Formose, Tayen-Quan et Pescadore, avec ruban. Ar.

640 — La même medaille sans ruban. Ar.

641 — 1821. Médaille de St. Hélène au buste de Napoléon I. Br. t.b.c.

642 — Légion d'honneur, miniature au buste de l'Empereur.

643 **Franckfort s/M.** Medaille pour les campagnes de 1813—1814. *Schaar der Freiwilligen von Frankfort am Main.* Ar. gr. 15.8. F.d.C.

644 **Ghuznee.** 1839. Méd. portative. Château fort, dessous **Ghuznee.** Rev. Couronne murale **23 July 1839** le tout dans une couronne de lau-rier. Extr. rare. Ar. t.b.c.

645 **Grèce.** Ordre du Sauveur, au buste du roi *Otton.* Ar. émail. et or. gr. 18.

646   — Ordre du Sauveur, petit module au buste du Sauveur sur l'email, très joli.

647   **Grootebroek**. 1689. Méd. d'honneur pour les gardes civiques SCHVT . PENNINGH STEDE GROOTEBROECK. Rev. PRO . PATRI.E . L IBERTATE. 1689. Ar. Rare et belle.

648   **Hanovre-Waterloo.** Médaille au buste lauré de **Georg Prinz Regent** dessous 1815. Rev. **Hannoverscher Tapferkeit-Waterloo Jan. XVIII** sur la tr. **Stabsfour. Diedr. Schimmelpfeng. Landw. Bat. Quacken-brueck.** Ar. Belle.

649   Même médaille au nom de **Soldat Jacob Meyer. Landw. Bataill-lon Luneberg** avec anneau original en fer. Ar. t.b.c.

650   Même médaille, au nom de **Heinrich Eggers, Landwehr Bataillon Gifhorn.** Ar. t.b.c.

651   Même médaille avec **Husar Friedrich Langk Hus. Rgt. Bremen Ver-den.** Ar. t.b.c.

652   Même médaille avec **Soldat Johann Sander. Landw. Bat. Quacken-brueck.** Ar. t.b.c.

653   Méd. **Verdienst ums Vaterland** à la tête **d'Ernest August** roi de **Hannover.** Ar. F.d.C.

654   Méd. d'or pour les officier pour XXV ans de Service. *Für XXV Jährige Treue Dienst.* Or. gr. 11.9. Belle et fort rare.

655   Méd. de 1866 à la tête du roi **Georg V** pour les combattants à **Langensalza 27 Juni 1866.** Br. doré avec ruban, belle.

656   Ordre des Guelphes. institué par le roi **George** après la bataille de **Waterloo.** Sur une croix en or. cantonnée de quatre lions en or massif. le cheval blanc de Hanovre avec la dévise *Nec aspera terrent* et au rev. le monogr. de George et le millésime MDCCCXV. Or. gr. 19. Très belle et rare, avec ruban.

657   Croix des Guelphes de 1815 petit module. Ar. et or. t.b.c.

658   Même décoration pour les chevaliers, au monogr. **d'Ernest August** et le millésime MDCCCXXXIX. Ar. b.c.

659   Même croix, avec les épées en sautoir. petit module. Ar. et or. t.b.c.

660   **Hambourg.** Incendie de 3 –5 Mai 1842. Méd. offerte par le Sénat. 8 Mai 1843. Br. doré avec ruban.

661   **La Haye.** 1813. Les volontaires de la Haye. Décoration militaire avec ruban. Rare. Ar. t.b.c.

662   **Indes Néerlandaises.** Médaille décoration pour les indigènes qui se sont distingués par des exploits militaires, lég. néerlandaise et java-naise. Br. Belle et rare.

663   Même médaille, lég. néerlandaise et malaie. Br. Belle et rare.

664   **Italie.** Guerre d'indépendence et de l'unité de l'Italie. Méd. au buste à g. de Victor Emmanuel II. Ar. gr. 15 Superbe.

665   Association du Sauveur, Méd. en bronze doré à la tête de Victor Emmanuel II. Mm. 32.

666   Croix de l'ordre de St. Maurice, très belle pièce en or émaillée de blanc et de vert, avec couronne d'or. Or. gr. 1.3.

667 **Lombok**. 1894. Expédition des Néerlandais en Lombok. Croix en bronze des canons pris par les Hollandais. En coeur, buste de la jeune reine Wilhelmina à dr. MATARAM LOMBOK TJAKRA-NEGARA. Rev. Le lion néerlandais HULDE AAN LEGER EN VLOOT. Mm. 50. Br. rare. Authentique.

> Ces croix offertes aux officiers et aux soldats qui ont assisté à la campagne de Lombok et frappées du métal des canons pris sur l'ennemi à Mataram et Tjakra Negara sont bien rares. Elles ne sont frappées qu'en nombre restreint des assistants. — Il y a dans le commerce, des imitations de ces pièces frappées en cuivre bronzé.

668 — Réception à Amsterdam des officiers et soldats repatriés de l'expédition de Lombok. Méd. portative officielle offerte aux combattants. *Hulde aan de Strijders op Lombok, Amsterdam 6 Juni 1895* le tout dans une couronne de laurier. Rev. Mataram — Tjakra Negara, en deux lignes Mm. 45. Ar. gr. 29. Extr. rare.

669 **Mexique**. Méd. portative militaire au buste de Charles III. CARLOS III REY DE ESP . EMP . DE LAS INDIAS. Rev. Dans une couronne de chêne ALMERITO. Mm. 54. Ar. gr. 59. b.c.

670 — (1864.) **Maximilien** empereur. Méd. à la tête barbue à dr. par Navolon. Rev. *Al Merito Militar*. Mm. 32. Fonr. 6692. Ar. F.d.c.

671 **Nassau**. Adolphe. Campagne de 1866, *Nassau's Kriegeren*. Ar. Beau.

672 **Oldenbourg**. Ordre de mérite. Croix en argent émaillé et au monogr. du grand-duc Pierre Frédéric Louis. Ar. Belle.

673 **Pays-Bas**. Méd. pour 24 ans de service dans l'armée VOOR TROUWE DIENST. Ar. gr. 22, avec ruban.

674 — Même méd. pour 12 ans de service. Br. Belle, avec ruban.

675 — Même médaille pour 24 ans de service dans la marine. KONINKLIJKE MARINE. Ar. gr. 22, avec ruban.

676 — Méd. ovale pour 24 ans de service dans les ateliers de construction de la Marine, au buste de roi Guillaume III. Ar. gr. 12.5. Belle.

677 — Méd. octogone des Frères de l'ordre de la Couronne de Chêne. Mm. 15. Ar. gr. 3. Belle.

678 — Méd. au buste du roi Guillaume I, insitution de l'ordre militaire „Willemsorde". Br. Belle.

679 **Perak**. Méd. au buste de la reine Victoria, sur l'agrafe PERAK. inser. 1176 P^TE W. HACKER. 80TH Foot. Ar. t.b.c.

680 **Perse**. Expédition des Anglais. Méd. au buste de la reine Victoria, sur l'agrafe PERSIA inser. Gunner G. Wright. Artillery. Ar. t.b.c. avec ruban.

681 **Portugal**. Ordre de la conception de Villa Viçosa. Belle étoile en or, surmontée d'une étoile en émail blanc sur or et accompagnée de 9 petites étoiles du même. Mm. 70. Or. gr. 17.6.

682 — Ordre de la Tour et de l'Epée. Jolie décoration. Ar. or et émail. Mm. 30.

683 — Ordre de St. Jacques. Jolie décoration ovale. Or. gr. 2.2.

684 **Prusse** 1849. Mérite militaire 1848 — 49. Méd. bronze avec ruban. t.b.c.

685 — Campagne de Sleswic Holstein. Méd. en bronze des canons pris sur les Danois. Br. F.d.c.

686　**Prusse**. Guerre de 1870—71. *Dem Siegreichen Heere*. Br. t.b.c.

687　- Ordre de la couronne. Croix en bronze doré, en coeur couronne entourée de *Gott mit Uns* en caractères d'or sur émail bleu. Rev. R. W. en monogr. et en caractères d'or sur émail bleu, *Den 18 October 1861*. Belle.

688　- Ordre des chevaliers de St. Jean. Croix en émail blanc sur or cantonnée de quatre aigles noires, couronnées d'or. Très jolie. Or. gr. 18.

689　**Punjab**. Expédition de 1849. Méd. au buste de la reine Victoria avec deux *bars* (agrafes) CHILIANWALA et GOOJERAT, inscr. Serg^t. A. Patherson, 3^d L^t. Drag^ns. Belle et rare, avec ruban.

689*a* **Rome. Pie IX**. 1867. Victoire près de **Mentana**. Croix en argent, avec ruban Belle.

690　**Rotterdam** 1787. Révolution patriotique, médaille décoration pour les gardes civiques, sous verre. Ar. Superbe.

691　- 1815. Campagne de 1815 (Waterloo.) Armement volontair, au nom de F. L. Battaerd. Ar, gr. 15.5. Beau.

692　- Même médaille, au nom de François Frets Vice-President der Commissie. Ar. Belle.

693　- Même médaille avec un autre nom. Ar. t.b.c.

694　**Russie**. 1812. Décoration militaire ronde, du campagne de 1812. Ar. Belle.

695　**Saxe**. Croisette miniature de l'ordre d'Albert le valeureux. Ar. et or.

696　**Saxe Cobourg**. Belle décoration de l'ordre d'Ernest, au buste du duc Ernest le vieux FIDELITER & CONSTANTER. Or. argent et émail, avec ruban.

697　**Seringapatam**. Prise de **Séringapatam** par les Anglais en 1799. Méd. offerte aux combattants. Mm. 48 Br. Belle et rare.

698　**South Africa**. Médaille au buste de la reine Victoria, sur l'agrafe 1879 au nom 995. C^pl. J. CRITCHFIELD $^3/_{60}$^TH FOOT avec ruban. Ar. Belle.

699　**Suéde**. Médaille de l'amirauté. Tête de l'amiral dessous TROLLE. Rev. Rame entre deux dauphins et 1780, inscr. Af. Amiralitetet gifoen 1784. Ar. gr. 16. t.b.c.

700　Même pièce en bronze. Br. t.b.c.

701　- Ordre de *L'étoile du nord*. Croix en or avec émail, petit module. Or. gr. 2.5 avec ruban noir. Superbe.

702　- Superbe croix de l'ordre de St. Olaff. Or et émail blanc, au coeur rouge, avec le lion de Norvège en or et la dévise RET . OC. SADHED. Or. gr. 13.5.

703　**Tunis**. Superbe décoration tunisienne, argent avec une étoile à dix rais en or émaillé vert rouge, avec ruban vert. rouge.

704　**Turquie**. Jolie décoration du Medjidjé. Mm. 6. Arg. et émail.

705　**Utrecht**. Campagne de 1815 (Waterloo) Méd. pour la compagnie de chasseurs à cheval volontaires. Ar. Rare. F.d.c.

706　**Zurich** 1804. Méd. militaire DER CANTON ZURICH DEN GESCHUTZEREN DES VATERLANDES. Ar. gr. 12. Belle.

MEDAILLES MAÇONNIQUES.

707 **Arnhem.** 1891. Méd. au buste de **Hendrik Herman van Capelle** maitre-président de la loge „De Geldersche Broederschap". Rare. Mm. 39. Br. F.d.c.

708 **Allemagne.** 1820: Jubilé de la grande Loge. Belle méd. au buste à g. du Grand-maitre Johann Wilhelm Ellenberger genant von Zinnendorf. Br. F.d.c.

709 **Alger.** Plaque de la loge de Bélisaire O ⚹ d'Alger. Ar. gr. 12.5.

710 **Amérique.** Hommage des maçons de l'Europe à leurs frères de l'Amérique. Mm. 37. Br. Beau.

711 **Amsterdam.** Loge la Paix. Superbe décoration en argent taillé. gr. 22.

712 — Loge, La bien Aimée, décoration. Ar.

713 — 1866. Loge, Hooger zij ons doel existe 25 ans, petite méd. portative. Ar.

714 **Batavia.** 1844. Jubilé de 75 ans de la loge „de Ster in het Oosten". Dirks 632. Br. F.d.c.

715 **Belgique.** 1838. Grand Orient La Mac ⚹ Vivra. Dieu le veut. Rev. Les préceptes maçonniques. Br. doré. Beau.

716 Même méd. légèrement variée, notamment les caractères de l'avers sont plus grands. Br. Belle.

717 — 1869. P ⚹ van Humbeeck institué Grand-Maître national. Mm. 30. Br. F.d.c.

718 — 1842. Méd. au buste d'Eugène Defacqz élu Grand-maître du Grand-Orient de Belgique. Mm. 48. Br. t.b.e.

719 **Brabant.** décoration maçonnique du temps de la révolution de 1790. Ac. doré.

720 **Bruxelles.** Loge des Amis philantropes, Méd. en honneur de Jules Anspach. V ⚹ M ⚹ ENCH ⚹ OFF ⚹ DIGN ⚹ PRIM ⚹ Br. F.d.c.

721 — 1870. Même loge, érection d'un temple maçonnique. Souvenir de reconnaissance au T ⚹ C ⚹ F ⚹ W ⚹ Janssens. Mm. 46. Br. F.d.c.

722 — 1835. Méd. en honneur de A. G. J. A. de Stassart. Gr. ⚹ M ⚹ de Belgique. Le pigeon avec une branche de palme. Mm. 45. Br. F.d.c.

723 **Dam van Isselt, E. W. van,** orateur des loges maçonniques aux Pays-Bas décédé à Geldermalsen 1860. Son buste de face. Mm. 63. Br. t.b.e.

724 **Dordrecht.** Loge Broedertrouw. 1836. Le navire „broedertrouw" équipé par la loge maçonnique. Dirks 526. Ar. gr. 13. Belle.

725 Même médaille en bronze. t.b.e.

726 **Hollande.** 1808. Jubilé de la maçonnerie dans le royaume de Hollande. Nahuys 66. Ar. gr. 10. t.b.e.

727 **Leyde** 1857. Fête séculaire de la loge La Vertu. Superbe médaille par Menger. Dirks. 794. Br.

728 **Liége.** 1869. Réception des maçons étrangers qui visitent la ville. Br. troué.

729   — Même médaille en vermeil, sans trou. gr. 6.5 Belle.

730   **Lyon**. Décoration de la loge Isis ⁂ S ⁂ C ⁂ E ⁂ DE LA R ⁂ ECO ⁂ D'ISIS O ⁂ DE LYON. Etoile pentagone au revers un serpent entouré autour d'une statue d'Isis. *Je suis tout ce qui a été tout etc.* Bronze doré.

731   **Paris**. Loge des Amis de la paix. O ⁂ de Paris. Méd. de 1789. Br. t.b.c.

732   **Pays-Bas** 1825. Mariage du prince Frédéric des Pays-Bas avec la princesse Louise de Prusse, méd. maçonnique. Dirks 256 au nom de B ⁂ W. P. BARNAART. Br. Belle.

733   Même méd. au nom de B ⁂ G. PREYSER. Br. t.b.c.

734   Même Méd. sans soms sur la tranche. Br. t.b.c.

735   Méd. portative de Maître-maçon au nom de M. A. van der Bank. Ar. gr. 5.5. t.b.c.

736   1841. Le prince Frédéric pendant 25 ans Grand-Maître des loges aux Pays-Bas et de ses colonies. Méd. à son buste à dr. Dirks 586. Br. Beau.

737   1850. Méd. maçonnique sur le 25 anniversaire du mariage du prince Frédéric des Pays-Bas, aux bustes du prince et de la princesse Dirks. 702. Br. Belle.

738   1853. La Loge „De drie kolommen" (les trois colonnes) à sa maître député N. M. de Ligt. Dirks 755*. Br. rare. Beau.

739   1856. Le prince Frédéric pendant 40 ans Grand-Maître des francs-maçons néerlandais. Belle méd. à la tête du prince entourée des armoiries des divers grands-maîtres néerlandais depuis l'érection des loges maçonniques aux Pays-Bas. D. 785. Br.

740   1869 Grade de Maître-maçon dans les loges des Pays-Bas. Cat. Menger 594. Mm. 28 Br. Beau.

741   1874. Méd. offerte par les Maçons des Pays-Bas et des Colonies, en mémoire du jubilé de 25 ans du règne de Guillaume III, Cat. Menger 625. Br. Beau.

742   1876 Le prince Frédéric pendant 60 ans Grand-Maître des loges aux Pays-Bas et de ses colonies. Mm. 61. Cat. Menger 646. Belle médaille Br.

743   S.d. Grand-Orient. Décoration en nacre. très jolie.

744   **Angleterre?** Grand-Orient. décoration maçonnique portative. Beau médaillon gravé. Ar. *voir la gravure.*

745   — Grand-Orient de?. Ceinture richement brodée en or (vermeil) avec des attributs maçonniques. avec la décoration de grand-officier en argent. Superbe.

746   — Ceinture d'un prince de la rose croix, richement brodée en argent avec les lettres C ⁂ K ⁂ H⁂ Superbe.

POIDS MONÉTAIRES EN CUIVRE.

747   **Angleterre.** Poids d'un *Noble* du temps de **Henry IV.** Navire, dans dans le ch. ♄. Hexagonale. t. b. c.

748 **Angleterre**. *Noble*. Époque d'**Edward IV**. Hexag. t.b.e.

749 — *Noble* et *demi Noble*, même époque. Ronds. b.e.

750 — *Angelot* du même, hexag. t.b.e.

751 — *Angelot* et demi Angelot, temps d'*Edward VI*, carrés. b.e.

752 — *Angelot* XVII^mo siècle, 3 var. carrées. t.b.e.

753 — *Souvereign* de **James I**, Buste couronné à g. carré. t.b.e.

754 — *Souvereign* de **Charles I**. Buste à g. rond. t.b.e.

755 — *Fire Shilling* du même. Buste couronné à g. t.b.e.

756 — *Guinea* au buste de la reine Anne à g. b.e.

757 **Aragon**. Poids du *florin d'or* du XV^mo siècle. Ecusson dans six lobes. b.e.

758 **Brabant**. *Cavalier d'or* du temps de **Philippe le Bon**. Cavalier à dr. dessous RIDƆ (Ryder) hexagonale rare. t.b.e.

759 — *Lion d'or* du même. Lion assis sous un portique gothiques, 2 var. t.b.e.

760 — **Albert et Isabelle**. *Double Souverain*, carré. b.e.

761 — Ducat aux bustes opposés. carré. t.b.e.

762 **Espagne**. Poids de pièces de 8, 4, 2 et 1 *réal* du temps de **Philippe III**. t.b.e.

763 — Mêmes pièces du temps de **Philippe IV**, y joint poids de 4 et 2 *pistolets*. t.b.e.

764 — Onze poids divers des mêmes. t.b.e.

765 **Ferrare**. **Hercule I**. Poids au buste à dr. Carré: gr. 9. b.e.

766 **Flandre**. Poids du *Patagon* de 1622. t.b.e.

767 **Florence**. Poids du *Ducat d'argent* aux armes des Médicis, carré. Beau.

768 **France. Louis IX**. *Denier d'or*. Ecusson semé de lis ƆƎꓤꓤ. b.e.

769 — Même pièce POIS O LECV .. VT, 2 var. b.e.

770 — *Royal d'or* du même. Roi debout portant croix allongée POIS Ɖ RƎOL, 2 var. b.e.

771 — **Philippe VI**. *Lion d'or*. Roi assis dans un portique gothique, à ses pieds, lion. 2 var. t.b.e.

772 — *Parisis d'or*. même type. t.b.e.

773 — *Double royal*. POIS. D. DOVB type du double royal connu, quoique le poids de gr. 4.7 ne corresponde pas du tout. Rare t.b.e.

774 — *Ecu d'or*, roi assis sur un siége gothique, portant sceptre. beau.

775 — Même époque, poids du Chaise d'or. beau.

776 — *Ange d'or*, Ange tenant une longue croix et l'écusson aux lis DOR. t.b.e.

777 — *Ange d'or*, autre type, sans lég. b.e.

778 — **Jean le Bon**. *Florin d'or*. POIS D FLOR. t.b.e.

779 — Même pièce, 5 variétés. b.e.

780 — *Agnel d'or* ✝ POIS ƆƎLAꓱIƎL. t.b.e.

781   **France.** *Agnel d'or.* 6 pièces plusieurs variétés. b.c.

782   — *Franc à cheval* POIS DE FRANC. Cavalier à g. 3 var. b.c.

783   — Epoque de **Jean le Bon.** *Ecu d'or.* Buste du roi au dessus de l'écusson aux lis, le tout dans un dais gothique. 2 var. t.b.c.

784   **Charles VI?** *Ecu d'or* POIS D LECV. Buste du roi au dessus de l'écusson. t.b.c.

785   **Henry V d'Angleterre.** *Salut d'or,* Croix allongée, dersous Ⴗ et accostée d'un lis et d'un léopard. 3 variétés hexagonales. t.b.c.

786   Même pièce, au revers Porc-épic, dessous P (Perpignan?) b.c.

787   **Charles VII.** *Royal d'or.* Buste du roi tenant épée et sceptre entre deux lis, hexag. 3 var. t.b.c.

788   — *Cavalier d'or* 2 var. b.c.

789   — *Ecu d'or.* Ecusson couronné entre deux lis couronnés, dans le ch. trèfle. **Lyon,** hexag. Beau.

790   **Louis XI.** *Ange d'or.* Ange entre deux lis. b.c.

791   **Francois I.** *Ecu au Soleil.* Ecusson entre deux F. Herag. Beau.

792   *Ecu d'or* du Dauphiné, du même temps, carré et hexag. 2 var. t.b.c.

793   **Louis XII.** *Ecu au Soleil* et autre Ecus, 7 pièces variées. t.b.c. et b.c.

794   **Henri II.** *Henri d'or.* Buste à g entre II - II. Jolie pièce carrée.

795   **Henri IV.** *Teston* et demi *Teston.* 2 ps. t.b.c.

796   *Teston* 7. pièces variées. t.b.c.

797   *Demi Teston.* 5 pièces variées. t.b.c.

798   **Louis XIII.** *Teston,* 2 var. et *demi Teston.* 3 ps. t.b.c.

799   *Double Louis* à la tête laurée à dr. 4 var. t.b.c.

800   **Louis XIV.** *Lis d'or.* Jolie pièce carrée. Belle.

801   — *Louis d'or.* 7 pièces variées. t.b.c.

802   Série intéressante de poids au buste ou à la tête de Louis XIV avec et sans légende. 9 pièces. t.b.c.

803   Série remarquable de poids du temps de Louis XIV, à la croix fleurdelisée, et avec L ou A au coeur. 23 pièces. t.b.c.

804   **Louis XIV.** *Louis de dix livres* (aux huit L. fr. à Paris). t.b.c.

805   LE DEMI-CARDEC-V. Rev. croix fleurdelisée. t.b.c.

806   **Milan. Galeaz Marie Sforza.** Fiorino au buste du duc et Doppia au même buste entre C—Z et Fiorino de Giovanni Galeazzo à l'écu écartelé entre G—G. 3 pièces rares. t.b.c.

807   **Philippe II.** *Ducaton,* au buste radié, carré oblong. Beau.

808   **Mons** en **Hainaut.** *Marie Thérèse.* Poids du double Souverain, Rev. Château de MONS. Rare. t.b.c.

809   **Portugal Joseph I.** (Don José). *Dobra.* Buste lauré à dr. dessous Kirk Rev. *Three-pound-twelve.* Beau.

810   **Rome Paul V** 1605 — 21. *Quadruple pistole.* Buste du Pape à g. t.b.c.

811   *Pistole* au buste du même. t.b.c.

812   — 4 et 2 *Pistole* du XVIIme siècle. 2 pièces. t.b.c.

813   — 4, 2 et 1. Pistole d'Italie. 8 pièces variées. t.b.c.

MÉDAILLES MUNICIPALES, MÉREAUX.

814   **Alckmar**. Méd. municipale. Van Loon I éd. holl. 168. Ar. gr. 10. F.d.c.

815   **Amsterdam**. Méreau des fabricants de passementerie. Dirks. n. 65. Ae. t.b.c.

816   Tondeurs de drap. au nom de Wynandt Alstorphius, variété inédite de Dirks n. 59. Ae. t.b.c.

817   **Bois-le-Duc**. Méreau de la corporation de St. Michel (Tailleurs Tondeurs de Drap etc.) dans un grénétis. S. M. B. Sanctus Michaeles Buscoducensis. St. Michel terrassant le dragon, au revers incuse 162. Inédit. Mm. 37. Ae. t.b.c.

818   *Tailleurs*. Méreau gravé de 1754. Dirks pl. LXXXV 4. Ae. t.b.c.

819   Tondeurs de drap. Méreau gravé de 1754. D. pl. CXL n. 1. Ae. t.b.c.

820   *Cordonniers*. Beau méreau au St. Crispin. D. pl. XCI. 27. Ae. t.b.c.

821   Méd. municipale de 1706 (1705). Snoeck n. 6. Ar. gr. 6.8. t.b.c.

822   - 1727. Même pièce. Snoeck n. 41. Ar. t.b.c.

823   1729 Double med. municipale, jubilé séculaire de la prise de Bois-le-Duc par Frédéric Henri. Snoeck n. 43. Ar. Belle.

824   - 1739. Med. municipale. Snoek n. 53. Ar. gr. 8. t.b.c.

825   1741. Même pièce. Snoeck n. 58. Ar. t.b.c.

826   — 1748. Même pièce (double) paix d'Aix-la-Chapelle. Snoek n. 66. Ar. t.b.c.

827   - 1776. Même pièce, jubilé du Duc de Brunswick. Snoeck. n. 79. Ar. gr. 6.5. t.b.c.

828   **Gouda**. Méd. municipale. v. Loon I éd. holl. 151. Ar. gr. 9. F.d.c.

829   **Gand**. Epiciers 1672. Méreau. Minard p. 150. plomb. t.b.c.

830   **Haarlem**. Méd. municipale, grand module, allégorie de la prise de Damiate par un vaissau de Harlem. v. Loon I éd. holl. 160. éd. fr. 158 n. 1. Ar. gr. 23. t.b.c.

831   — Même médaille, module ordinaire. v. L. I. 160 - 158 n. 2. Ar. gr. 12. belle.

832   - Méd. municipale XVIIIme siècle. v. L. Suppl. n. 149. Ar. gr. 8. t.b.c.

833   **Le Havre**. 1813. Loge aux trois H L ♣ du Havre (Harmonia Honor Humanitas regunt). Br. t.b.c.

834   **La Haye**. Méd. municipales. 2 variétés. Ar. F.d.c.

835   **Leeuwarde**. Méd. municipale double. Ar. belle.

836   **Maesticht**. Méreaux des Maréchaux S. ELIGIVS. PATROE — VAN T' SMEDEN AMB. Dirks pl. 95. 1. Ae. Rare. t.b.c.

837   — 1828. Mereau obituaire de l'église St. Servais, plomb. t.b.c.

838   **Paris**. Jeton des Gardes Marchands de Vin, 2 variétes Ar. et vermeil t.b.c.

839   -- 1766. Prévôté. Jeton aux armoiries de Jer: Bignon. Ar. rare t.b.c.

MONNAIES ANCIENNES ET MODERNES PROVENANT D'UNE SUCCESSION.

840 **Allemagne. Otton I.** *Denier* de **Breiasch,** Danneberg 1268. Ar. t.b.c.
841 – **Ferdinand III,** 1653. *Thaler* au buste lauré et cuirassé. Ar. Beau.
842 **Angleterre.** *Didrachme* des anciens Bretons. Tête barbare. Rev. Cheval dégénéré, comparez Ruding pl. 3 n. 46. Ar. b.c.
843 **Angleterre.** *Anglo-Saxons. Sceatta.* Tête diadémée à dr. Rev. Colombe au dessus d'une croix accostée de o ⁖. Var. de Ruding pl. I. n. 17. Rare. Ar. Beau.
844 – *Sceatta.* Tête diadémée à dr. devant deux caractères. Rev. croix cantonnée de quatre globules N. A. VI. type de Ruding pl. 2. 18. Rare. Ar. t.b.c.
845 – *Sceatta.* Buste couronné à g. Rev. Croix cantonnée de globules + VVIOIIVI manque à Ruding. Rare. Ar. t.b.c.
846 – *Sceatta.* Monogramme en forme de croix potencée entre deux croix. Rev. Rouelle entourée de globules et posée sur une croix. Inédit. Ar. b.c.
847 – *Sceatta.* Tête barbare à dr. V T V. Variété de Ruding pl. 1 n. 8. Ar. Beau.
848 – *Sceatta,* croix pommetée, dessous trait. Rev. de Ruding pl. 1 n. 4. Ar. t.b.c.
849 – *Sceatta.* Buste couronné à dr. OFFA en caractères runes. Rev. croix cantonnée de quatre annelets + AVNVIA. Rare. Ar. t.b.c.
850 – *Sceatta.* Buste diadémé à dr. devant +, derriere o. Rev. croix sur trois degrés, surmontée d'un oiseau ... AVCVA +, type de Ruding pl. 2 n. 34. Fort rare. Ar. t.b.c.
851 – *Sceatta.* Buste diadémé à dr... ASAVO Rev. type du précédent ASVAIO. Fort rare. Ar. b.c.
852 – *Sceatta.* Tête barbare, dessous croix. Ruding pl. 1.13. Ar. t.b.c.
853 – *Sceatta.* Deux têtes diadémées se regardent, au milieu croix au pied fourchu. Rev. Quatre oiseaux autour d'une croix. Beau et fort rare. Ar.
854 **Appenzel.** 1737. *VI Kreuzer.* Extr. rare. Ar. a.b.c.
854a **Bar.** Duché. **Robert.** Gros tournois ROBERTVS DVX. Ar. Beau et rare.
855 **Belgique. Léopold I.** 1834. *40 Francs* fr. en essai. Ar. Beau.
856 **Brabant. Charles V.** *Demi réal d'or* fr. à **Maestricht.** KAROLVS—D G ROM—IMPER Z—HISP. REX ⁘ Extrêmement rare, manque à van der Chijs. t.b.c.
857 **Charles III** (VI) 1711. *Patagon* d'Anvers. Ar. t.b.c.
857a Ecu Philippe de 1558. Patagon d'Albert et d'Isabelle sans date, Patagon de 1623. Couronne de François II d'Autriche de 1797, et 4 autres monnaies en argent 8 pièces. Ar. gr. 139.
858 **Bulgarie.** 1894. **Ferdinand I.** *20 Lebas* (francs) à son buste à g. Or. Beau.
859 **Carolingiens. Charlemagne.** *Denier de Melle* + METVLLO. Ar. fruste.
860 **Louis le Débonnaire.** *Sou d'or,* imitation frisonne du Sou d'or au buste et à la légende MVNVS DIVINVM v. d. Chijs pl. XXI.II Or. gr. 3.7 b.c. Rare.

861   Denier au temple avec XPRISTIANARELIGIO. Ar. b.c.

862   **Lothaire.** *Denier de Duurstede,* DOR –ES-TA - TVS en trois lignes var. de v. d. Chijs pl. XIV. 14 Ar. b.c.

863   -- *Denier de Duurstede* DORESTATVS MON autour du temple v. d. Ch. pl. XIV, 4. Ar. b.c.

864   **Carloman.** *Denier* **d'Arles** + ARILA CIVIS. Monogramme. Rev. CARLEMANVS REX. Croix. Fort rare. Ar. Beau.

865   **Louis l'enfant.** Dernier de **Cologne** S –COLONI—A en trois lignes. Ar. t.b.c.

866   **Cologne.** Archevêché **Walram de Juliers.** *Gros tournois* fr. à Bonn. buste de face de l'archévêque avec tiare. Ar. Beau.

867   -- **Friedrich III de Saarwerde.** Albus au St. Pierre sous un portique gothique, fr. à **Deutz.** Ar. Beau.

868   -- **Dietrich II de Meurs.** *Florin d'or* de **Riele** THΘO'—ARGP'— COLO—ЯIΘO'. Croix chargée d'un écusson écartelé. Rev. ✠ ꟿO-ЯΘTA . ЯOVA . AVRΘA . RI' trois écussons posés en triangle. Or. Beau.

869   -- **Herman de Hesse.** *Raderschilling* de 1506 fr. à Deutz. Ar. t.b.c.

870   -- **Clément August.** 1750. *Ducat* au buste à dr. Rev. TVO PRÆSIDIO. Or. F.d.c.

871   **Cologne,** ville. Groschen au buste du Christ sous un portique gothique, au dessus de l'écusson de la ville. Ar. t.b.c.

872   **Colmar.** (Alsace) ville. MONETA . NO o COLMAR. Aigle éployé. Rev. Croix coupant la lég. S . MA—RTIN—' PAT—RON'. *Schilling?* Ar. b.c.

873   **Constance,** ville. *Batz.* ⚜ ꟿOЯΘTA CIVITATIS COЯ-STAЯG ⚜ Ecusson dans un entourage de sept lobes. Ar. Beau.

874   — Pièce de *15 Kreuzer* aux St. Conrad et St. Pélage debout, devant eux l'écusson et au titre de Ferdinand II. FERD : II : D : G : ROM : IMP : SEMP : AVG :. Ar. Belle.

875   Lot intéressant de petites monnaies, Kreuzers. Demis Kreuzer et et Heller. 6 pièces, billon.

876   **Corbie.** Abbaye. **Florent von der Velden.** 1713. *Thaler* sur son jubilé, écusson écartelé, surmonté de trois heaumes. SOLEMNI RITV IVBILAEVM. Schulth 5158, avec petit trou. Ar. t.b.c.

877   -- **Caspar de Böselager** 1739. Thaler au St. Vitus debout et l'écusson écartelé, orné de trois heaumes. Madai 952. Ar. t.b.c.

878   -- **Philipp Spiegel à Desenberg.** 1758. *Thaler.* Armoiries dans un cartouche Louis XV. Rev. Le Saint. Madai 3437. Ar. Beau et rare.

878a **Danemarc. Frédéric III.** Pièce de II Marck de 1652 et 1655. 2 pièces. Ar. b.c.

879   **Desana.** Comté. **Antoine Marie Tizzoni.** 1598—1641. *Scudo* sans date. ⚜ DELPHINVS PATER ANTO . MAR . TIT . BL . COM .Dᴬ. Buste cuirassé à dr. Rev. Ecusson couronné SACRIQVE . ROM . IMPER . VICARIVS . PERPET, frappé en mémoire de son père mort en 1598. Catal. Schulth. 5811. Ar. t.b.c. Extrêmement rare.

880   **Deventer.** *Florin d'or* au St. Lébuin assis sur un siége gothique, au titre de **Maximilien.** v. d. Chijs pl. XI. 3. Beau et rare.

881   — *Florin d'or* inédit. Ecusson heaumé et timbré de Deventer. * SIT . NOMEN . DOMINI . BENEDICT. Rev. Double aigle impérial MONETA * NOVA * AVREA * Extrêmement rare. t.b.c.

882   **Duurstede.** *Tiers de Sol* mérovingien. DORESTATI FIT. Buste diadémé à dr. Rev. MAD. ELINVSM. Croix posée sur une base, dessous six globules, dans le champ o o, variété inconnue à v. d. Chijs. Or. Beau.

883   **Eenham.** Abbaye. Denier au monogr. imité de Cologne. EGAMIO rétrograde. Revue belge 1880 pl. XVII n. 1. Ar. t.b.c.

884   **Elincourt.** Seigneurie **Gui IV** comte de **Saint-Pol.** Gros au châtel. ✠ MONETA ELINCT. Châtel, dans une bordure de 12 fleurs. Rev. Croix pattée entourée de + G . COMES . S . PAVLI. comme légende intérieure et de + GRACIA DOMINI DEI NRI FACTVS SVM. Fort rare. Ar. t.b.c.

885   **Essen.** Abbaye. **Anne Salome** de **Salm-Reifferscheid.** 1671 Fett-mänchen. Ar. t.b.c.

886   **Fauquemont.** Comté. **Frederic** de **Meurs** et de **Sarwerde.** Albus de Fauquemont. v. d. Chijs pl. XX, 1. Ar. b.c.

887   **Flandre.** Comté. **Marguérite de Constantinople.** *Gros* **d'Alost.** Gaillard n. 144. Ar. t.b.c.

888   1577. *Demi Ecu* des Etats (Halve Statendaelder.) Buste à mi-corps, couronné de Philippe II au-dessus de l'écusson. Ar. t.b.c.

889   **Florence.** grand-duché. 1593. **Ferdinand I** de **Médicis.** Son buste cuirassé à dr. Rev. Le Christ baptisé par St. Jean DI LECTVS—FILIVS MEVS, à l'ex. 1593. *Scudo.* Madai 1961. Ar. t.b.c.

890   1601. *Tallero* de **Pisa.** FERDINANDVS . MED . MAG . ETR . DVX III 1601. Son buste cuirassé à dr. avec la couronne radiée, et portant sceptre fleurdelisée. Rev. Les armoiries des Médicis sur une croix de Malte PISA . IN . VETVSTAE MAIESTATIS MEMO-RIAM. Mad. 4457. Ar. Beau.

891   *Mezzo-Giulio* de 1588 et de 1600 et une jolie petite pièce au buste. 3 ps. Ar.

892   **France. Napoléon Bonaparte.** Consul. Essai d'un franc. Son buste à dr. par Andrieu. Rev. IVme année du Consulat de Bonaparte, monogramme. Ar. Beau.

893   **Napoléon I Empereur.** 1811. *5 Francs* fr. à **Turin.** Rare. Ar. b.c.

894   1812. Même pièce et atelier. Rare. Ar. b.c.

895   5 Francs au buste à g. de Léon Gambetta. Rev. Les Français réunis sont inattaquables. Essai, tranche lisse. Ar. Belle.

896   **Gueldre.** *Otton II.* Comte. Denier à l'écusson au lion dans un champ semé de billets. v. d. Chijs pl. I, 5, rare. Ar. t.b.c.

897   **Renaud IV.** *Gros* de **Venray** VENR—ADENSIS. v. d. Ch. pl. IX, 5. Rare. Ar. b.c.

898   **Philippe II.** *Double Ducaton* ou *double pronkdaelder.* Buste cuirassé à g. Rev. Armoiries d'Espagne entourées des armoiries de tous ses Etats. v. d. Chijs pl. XXIV, 6. Rare. Ar. gr. 61. t.b.c.

899 1557. *Ducaton* au titre de roi d'Angleterre, contremarque au lion de Hollande, v. d. Chijs. pl. XXV, 9. Ar. Beau.

900 1562. *Demi Ducaton* var. de v. d. Chijs pl. XXVI, 15 avec MIC III séparé par le byou de la toison d'or. Ar. t.b.e.

901 **Hainaut**. Comté. **Jean II d'Avesnes.** *Esterlin* de **Maubeuge.** Chalon 41. Ar. Beau et rare.

902 **Marguérite III d'Avesnes**. *Plaque* d'argent, fort rare. Chalon 85. t.b.e.

903 **Guillaume III** de Bavière. *Plaque* d'argent. Chalon 101. t.b.e.

904 **Hambourg**. 1553. Thaler au château et au revers la Madone. Comp. Madai 2243. Rare. Ar. t b.e.

905 1598. *Double schilling*. Ecusson à la tour placée sur une croix fleuronnée MON—NOVA HAMB-VRG, au dessous de l'écusson 9 8. Rev. Double aigle ayant en coeur 16. Rare, t.b.e.

906 1673. *Double schilling*. Madone au dessus de l'écusson HAM-BVRGER. Rev. STADT . GELDT. 1673. Ar. Beau.

907 Albus du XIVme siècle et 4 Schilling de 1738 et 1797. 3 ps. Ar. t.b.e.

908 **Hollande**. province. 1673. *Ducaton*. Ar. t.b.e.

909 1749 et 51. *Demi Florin*, tranche lisse, 3 ps. Ar. belles.

910 1751. *Demi Florin*, tr. cordonnée, rare. Ar. F.d.c.

911 royaume, **Louis Napoléon**. 1808. Essai d'une pièce de *20 Florins* à la tête du roi à g. fr. en bronze. Beau.

912 **Hui**. *Styrca* mérovingien inédit + HOISCITM globe dans un grénétis. Rev. Sigillum Davidis, au milieu un globe, dans les cantons des points. Ar. Unique. *Voir la Gravure.*

913 Denier impérial de **Conrad**. Ar. Mal frappé.

914 **Isenbourg**. 1811. *12 Kreuzer* CARL FÜRST ZU ISENBVRG. Sa tête à g. Fort rare. Ar. Beau.

915 **Knyphausen.** 1807. George Guillaume Frédéric Comte Bentinck. *9 Grote* fr. à Utrecht. Ar. Beau et rare.

916 **Liége**, évêché. **Max Henri de Bavière.** *Ducaton*, calice comme m.m. Ar. t.b.e.

917 **Looz**. Comté. **Louis IV.** *Gros à l'aigle.* v. d. Chijs pl. XXI, 1. Ar. t.b.e.

918 *Gros à l'aigle* MONETA . NOVA . LASLNSIS variété inédite. Ar. Beau.

919 $^1/_4$ *Gros à l'aigle*, v. d. Chijs pl. XXII, 5. Ar. Beau.

919*a* **Mayence**. Archevéché. **Daniel Brendel de Homburg.** *Demi thaler* ($^1/_2$ Bettlerthaler) de 1568. DANIEL * ARCHI * MOGVN * P * ELECTOR * 1568 — Ecusson à trois heaumes. Rev. MONETA ARGENT- EA MOGVNTINEN. St. Martin à cheval à g. Ar. b.c. Extrêmement rare.

920 **Lothar Franz de Schónborn**. 1696 *Thaler* au buste en talare. Rev. IN MANIBVS. DOM INI SORTES MEÆ. 1696. Cat. Schulth 3857. 2me coin. Ar. Beau.

921 **Emmerich Joseph de Breitenbach-Bürresheim**. 1765. *Thaler* de convention. Ar. F.d.c.

922 **Friedrich Carl Joseph d'Erthal**. 1794. *Thaler* de convention. Schulth. 3615 avec I A sous l'écusson. Ar. F.d.c.

923 **Karl de Dalberg**. 1808. CARL FÜRST PRIMAS. *Thaler* de convention fr. à Franckfort. Ar. F.d.c.

924   **Mérovingiens. Trisay,** (Vendée) TIDIRICIACO — Buste diadémé à
dr. Rev. CINSVLFO MNE. *Tiers de Sol* du monétaire Cinsulfo. Or.
Beau et rare.

925   — *Stycca* **de Herstal.** AR en monogr. AꓕIAOV. Rev. Victoire dégé-
nérée VOCAOCAOC. Ar. Rare. b.c.

926   — *Stycca* **de Herstal.** Monogr. par A dégénéré. Rev. XX. Ar. t.b.c.

927   — *Stycca.* TEODERIC. Tête à dr. Rev. (T)RECISIAC Croix, imitation du roi des Goths Théodore. Rare. Ar. b.c.

928   — *Tiers de Sol.* Buste diadémé à dr. Sur le manteau ⊹ AVRVT
IVIRV. Rev. Victoire à dr. Comp. v. d. Chijs pl. I 9 mais fruste.
Or. t.b.c.

929   — *Tiers de Sol.* Imitation de Justinien. Buste diadémé à dr DN.
IVSTINIANVS. Rev. Victoire à dr. dans le champ, croisette et
étoile VICTORIA AVGVSTORVM DVNO. Or. Beau.

930   — *Tiers de Sol.* Buste diadémé à dr. ALNO—I. Rev. Victoire à dr.
dans le ch. croix pattée IVRO—IOVNO. Extr. rare. Or. t.b.c.

931   **Metz.** ville. 1624. *Florin d'or.* St. Etienne à. g. entre 16 -42. Or.
Beau et rare.

932   **Montferrat,** marquisat. **Marguérite Paléologue** tutrice de son fils
Guillaume duc de **Mantoue.** *Scudo doro.* MARGA. PAL. GVL. GON.
MONT. FER. MR. Ecusson aux armoiries des Gonzague et des Mon-
ferrato. Rev. Croix ornementale cantonnée de M.G. M.G. ⊹ IN.
HOC. SIGNO. EICIAS. DEMONIA. fleur. Superbe et rare.

933   **Munster,** évêché. 1650. *Thaler* du chapitre pendant la vacance de
l'épiscopat, l'empereur Ferdinand III debout. Mad. 839. Ar. Beau.

934   — 1661. Beau thaler sur la prise de la ville par l'évêque Christoph Bernhard van Galen. Ar. Beau.

935   **Neuss.** ville. 1556. *Thaler* au St. Quirin entre deux écusson. Rev.
NVSSIA ⚹ SAN ⚹ ECCL ⚹ COLO ⚹ FIDELIS ⚹ FILIA. Double
aigle couronné. Mad. 2291. Ar. Rare et beau.

936   — 1570. Thaler à l'écusson couronné, au titre de l'empereur Maximilien II. * MONETA. NOVA. CIVITATIS. NVSSIENSIS * Ar. t.b.c.

937   **Nimègue.** *Denier* impérial de **Frederic II.** Comp. v. d. Chijs. Fran-
kische Vorsten. pl. XIX. I. Ar. b.c.

938   **Overijssel.** Seigneurie, *Kruisdaelder.* Ecu à la croix de Bourgogne
fr. par le parti espagnol en 1591 ⚮ PHS ⵜ D ⵜ G ⵜ HISP⳥ REX
⳥ N ⵜ O ⵜ TRS ⵜ ISSVL. Variété inédite de Verk. pl. 137. I.
Ar. Belle.

939   **Paderborn,** évêché. Sede vacante de 1719. Thaler. St. Léboire au
dessus du Cathédrale. REDDI MIHI LAETITIAM etc. Madai
877. Ar. F.d.c.

940   — Même sujet, l'évêque Hatumar entouré des écussons du Chapitre
Rev. L'empereur Charlemagne entouré des écussons, inscr. sur tranche.
Mad. 3370. Ar. F.d.c.

941   **Pays-Bas.** 1830. Pièce de *trois florins.* Ar. belle.

942 **Pays-Bas** 1831. Même pièce. Ar. belle.

943 — 1840. *Florin* pour les Indes. Ar. Beau.

944 **Prusse**, royaume. 1716. Quart de ducat. Or. Beau.

945 **Republique Batave**. 1795. *Florin* de l'Overijssel fr. à Deventer. Ar. t.b.c.

946 1795. *Florin* de Hollande fr. à Dordrecht. Ar. b.c.

947 — 1795. X *Sous* d'Utrecht. Ar. beau.

948 — 1796. Florin de **l'Overijssel**. Ar. b.c.

949 — 1797. *Florin* de **Hollande**. Autel avec des ornements Louis XVI. Ar. t.b.c.

950 — 1799. Florin fr. à Utrecht. Rare. Ar. a.b.c.

951 — 1800. *Florin* de **Hollande**. Fort rare. Ar. b.c.

952 **Russie**, empire. 1845. 5 Roubles en or. fr. en essai. F.d.c.

953 — 20 Kopecks de 1875 et de 1891 et 10 Kopecks de 1877. 3 ps. Ar. F.d.c.

954 **Savoie**, duché. **Christine** de France tutrice de son fils **Charles Emanuel II**. 1641. Deux C enlacés CHR. FR. CAR. EM. DVCES. SAB. F. P. PEDEM. R. R. CYPRI. Bustes accolés de **Charles Emanuel II** et de sa Mère **Marie Christine** sous ce dernier buste 1641. Rev. La Madone avec l'enfant Jésus portant deux palmes IVSTVM DEDVXIT PER VIAS RECTAS. Superbe pièce d'or de *huit Scudi*. gr. 26.5. Rare.

955 1642. Pièce de *quatre Scudi*. Mêmes bustes CHR. FRAN. CAR. EMAN. DVCES. SAB (dans un cartouche 1642). Rev. Ecusson écartelé et couronné P * P * PEDEMO * REGES. CYPRI. Or. gr. 13.3. t.b.c.

956 1641. X Soldi au même type. Sous les armoiries S. X. Ar. b.c.

957 — 1639. X Soldi de billon, même type, la date à la fin de la lég. b.c.

958 — 1647. V *Soldi* de billon, même droit. Rev. L'écusson à la croix entre 16—47. t.b.c.

959 **Charles Emanuel II** Seul. 1652. X *Soldi*, buste à dr. CAR. EMAN. II. D. G. DVX. SABAVDI à l'ex. + 1652 +. Ecusson écartelé et couronné, dessous S. + X. Ar. b.c.

960 1675. *Double Scudo d'oro* au buste à longue chevelure, dessous 1675. Or. t.b.c.

961 **Marie Jeanne Baptista** tutrice de son fils **Victor Amédée II**. 1676. *Doppia d'oro* aux bustes superposés de Victor Amédée II et de sa mère Marie Jeanne. Rare. Or. 6.5 Superbe.

962 1679. *20 Soldi* au même type. Ar. t.b.c.

963 1676. *10 Soldi*, même type. Ar. t.b.c.

964 — 1676. *Due Denari*. Ae. Beau.

965 — 1680. *Scudo* d'argent au même type. Rev. L'écusson à la croix, couronné et tenu par deux lions. Ar. Beau.

966 **Saxe**, électorat. **Johann Friedrich**. 1530. *Demi Thaler* fr. en convention avec **George** duc de Saxe. Ar. t.b.c.

967   **Serbie. Michael Obrenowitz**, prince. 1879. *20 Dinars* (francs). Or. Beau.

968   **Soleure**. 1813. *4 Francs* au Suisse debout. Ar. Beau.

969   **Strasbourg**. Ville. *Dreibätzner* (XII) ASSIS * REIP * ARGENT * DVPLEX. Lis. Rev. GLORIA * IN * EXCELSIS * DEO : croix à bande triple et fleuronnée. Ar. Beau et rare.

970   *Vierer* ☙ GLORIA IN EXCELSIS DEO. fleur de lis dans un entourage quadrilobé. Rev. * AR—GEN—TORA—TVM. Croix pattée coupant la lég. Ar. Beau.

971   *Trois Kreutzer.* SEMISSIS — ARGENTINENSIS. Fleur de lis dans un entourage fleuronné. Ar. t.b.e.

972   *Deux Kreutzers.* — MON . NOV . ARGENTINENSIS. Ecu échancré, surmonté de 2 K. et autre avec II KREUTZ — ER. Ar. t.b.e. 2 ps.

973   *Kreutzer.* — ARGENTINA fleur de lis et *Heller* à l'écu échancré. Ar. 2 ps. t.b.e.

974   *Thaler* s.d. NVMMVS — REIP . ARGENTORATENSIS * Deux lions tenant l'écu échancré de Strasbourg, au-dessus duquel un lis. Rev. ✚ SOLIVS — VIRTVTIS — FLOS — PERPETVVS. Grand lis à étamines. Ar. Beau.

975   *Florin de 60 Kreuzer* — MONETA . NOVA . REIP . ARGEN-TINENSIS : Ecu échancré surmonté, de . LX : K . Rev. GLORIA . IN — EXCELSIS — DEO fleuron. Grand lis à étamines. Ar. Beau.

976   1592 *Thaler obsidional carré* aux armoiries de Jean George de Brandebourg, du Chapitre et de la ville. Maill. pl. CII, n. 1. Ar. Beau.

977   **Strasbourg**, évêché. **Louis Constantin de Rohan**. *5 Kreutzer* de 1773 aux armoiries et $\frac{1}{12}$ Thaler au buste de 1759 (Rare) 2 ps. Ar. t.b.e.

978   **Suède, Eric XIV**. 1563. *Demi Thaler* de *16 öre*. Oldenburg 415. Schulth. 7956. Rare. Ar. b.c.

979   **Charles X Gustaphe**. 1655. *Thaler* pour la **Poméranie**. * CAROL . G . VSTAVVS . D . G . REX . SVE . DVX . STE : POMER, variété d'Oldenbourg n. 1397 et de Madai 232. Rare. Ar. t.b.e.

980   **Charles XI**. 1693. *Thaler* de *8 Mark*. Buste à dr. sur la tranche MANIBVS * NE * * LAEDAR * AVARIS * variété d'Oldenburg 1452. Ar. Beau.

981   **Charles XII**. 1700. *Quart de ducat* au busse cuirassé. Or. beau et rare.

981a **Tournai. Albert** et **Isabelle**. Patagon. S.d. Ar. t.b.e.

982   **Utrecht** province. 1756. *Ducaton*. tranche cordonnée. Ar. F.d.c.

983   1758. *Ducaton*. tr. fleuronnée. Ar. Beau.

984   1758. *Quart de Florin*. Ar. F.d.c.

985   1762. *Rijksdaelder*. tr. cordonnée. Ar. F.d.c.

986   1762. *Demi Ducaton*. tr. fleuronnée. Ar. F.d.c.

987   1765. Même pièce. Ar. t.b.e.

988   1769. *Ducaton*, même tranche. Ar. Beau.

989   1772. *Demi Ducaton*. même tranche. Ar. F.d.c.

990   1791. *Florin*. 2 ps. Ar. F.d.c.

991   1793. *Trois Florins* (Drie gulden), 2 variétés. Ar. Belles.

992   1793 et 94 Florin. 2 ps. Ar. Belles.

993 **Utrecht**, évêché. **Bernulphe**. Denier de Groningue, v. d. Chijs, pl. I 16. Rare. Ar. t.b.e.

994 *Denier* de Groningue au buste du St. Boniface, v. d. Chijs, pl. II. 22. Ar. b.e.

995 Autre *denier* de Groningue, pl. II, 31. Ar. a.b.e.

996 Autre denier de Groningue, var. de pl. II. 19. CRV. OINN . GE inédit. Ar. Beau.

997 Autre denier inédit, la crosse entre o o Ar. t.b.e.

998 Autre denier, variété de pl. I, n. 18. Ar. t.b.e.

999 Denier de Groningue avec BACVLVS, pl. II. 27. Ar. Beau.

1000 Même pièce, v. d. Chijs, pl. II. 29. Ar. t.b.e.

1001 Même pièce variété. Ar. b.e.

1002 **Florent de Wevelinkhoven.** *Gros* de **Deventer**. Ar. a.b.e.

1003 **Weert. Philippe de Montmorency** comte de **Horn**. *Liru* au buste de St. Pierre S. PETRVS APOS. PON. MAX. Rev. MONE. NOVA, ARGENT. D. I. W. Fort rare. Ar. b.e.

1004 **Rome. Agrippine.** G. Br. Buste à dr. Rev. Carpentum à g. attelé de deux mules. Belle méd. des Padouans.

1005 **Claude I**er. G. Br. Tête laurée à dr. Rev. Arc de triomphe. Cohen 80. Méd. des Padouans. Belle.

1006 **Domitien.** G. Br. IMP. CAES. DOMIT. AVG. GERM. COS XIIII CENS PER PP. Tête laurée de Domitien à dr. Rev. PONT MAX TR. P VIII LVD SAEC. Temple à dr. Domitien assis sur une estrade: devant lui une femme et un enfant, sur l'estrade SVF. P.D. Var: de Cohen 306. Méd. des Padouans, très belle.

1007 **Vespasien.** G. Br. ROMA RESVRGES. Coh. 392. Méd. des Padouans, belle.

1008 Lot de monnaies allemandes, anglaises, françaises, danoises, néerlandaises, etc. 47 pièces. 247.5 Gr. Ar.

1009 Lot de monnaies de billon, 15 pièces. 28 gr.

1010 Lot de monnaies de cuivre, jetons etc. 171 pièces.

MÉDAILLES HISTORIQUES.

1011 1509. **Maximilien I.** Empereur. Superbe médaille à l'Empereur couronné à cheval, portant le drapeau impérial: au revers, les armoiries de tous les pays de sa domination. Van Mieris I 413. Ar. gr. 56. Fort rare.

1012 (1521) Médaille sur la peste à **Wittenberg**. La crucification ✝ ET. EGO. SI. EXALTATVS. EVERO. A. TERRA. OMNIA. TRAHAM. AD. ME ✝ IO. 12 ✝ Rev. Le serpent d'airain FAC. SERPENTEM. EREV. ET. PONE. PRO SIGO. ECVSSVS. EV. ASPEXERIT. VIVET. Mm. 49. Ar. gr. 15.2. Belle.

1013 1535. Med. au buste drapé de Laurentius Stauber, orné de l'ordre du Chardon. LAVREN: STAVBERVS: EQ: AVR. AC. ANGL: ET. FRANC: REGIS. ORATOR. (Stauber fut ambassadeur de

l'empereur Charles V à la cour d'Angleterre). Sous le buste. L.
Rev. Buste de sa femme orné de deux chaines d'or et d'un chapeau
ICH. ANYM. GOT. ZV. HILFF. MD. XXXV. Mm. 40. Etain.
Belle et rare.

1014   1537. Médaille aux sujets bibliques. Le Christ à la croix entre
les deux larrons et au revers le sacrifice d'Abraham. Mm. 69.
Ar. gr. 59. t.b.c.

1015   1553. Supplice de Servetus. SCHLC × TRECKT × VT × VWEN ×
BALC. Jeton carré, var. de van Mieris III 341 n 2. Ar. t.b.c.

1016   1595. Prise de **Lierre** par les Anversois. v. L. I éd. fr. 460, éd.
holl. 469. Vermeil. gr. 17. beau.

1017   1622. **Bergen op Zoom** dévestie par le prince Maurice. Méd. originale coulée pour les officiers. v. Loon II. 151 n. 2. Ar. gr. 34.5. t.b.c.

1018   1630. Fête séculaire de la confession d'Augsbourg. au buste de
face de **Luther** par Seb. Dadler. Ar. gr. 44. t.b.c.

1019   1632. Gustaphe Adolphe périt dans la bataille de Lützen. Copie
coulé de la méd. rare de Dadler. plomb.

1020   1641. Mariage de Guillaume II d'Orange et de Marie d'Angleterre. Grande médaille par Blum. Le prince et la princesse en
costume du temps se donnant la main, Franks n. 100, v. L. II éd.
fr. 251 éd. holl. 258, n. 1. Ar. gr. 92. t.b.c.

1021   1642. Superbe médaille. Réception de la princesse d'Orange
(Marie d'Angleterre) aux Pays-Bas. Franks. n. 105, van Loon,
II éd. fr. 257 éd. holl. 264. Vermeil, gr. 118.

1022   1643. Superbe médaille de mariage, gravée et niëllée. Deux fiancés en costume du temps se donnant la main. *Hout daer Jonckvrour
die ick Bemin* etc. Rev. Les noces de Canaa. Mm. 51. gr. 30.5. Rare.

1023   S.d. Méd. gravée de la même période. Le Christ bénit les fiancés.
Twee hartten die oprecht in lieffde wel verheucht etc. Rev. Scène
de La Foi, de l'Espérance et de l'Amour. Mm. 56. Ar. gr. 35.

1024   1645. **Hugo Grotius.** méd. au buste et sur la mort de **Hugo Grotius**.
van Loon II éd. fr. 281, éd. holl. 291. Ar. gr. 44.5. Superbe.

1025   1654. Marie princesse d'Orange et son fils Guillaume III, v. Loon,
éd. fr. 375, éd. holl. 387. Ae. t.b.c. Rare.

1026   1657. Belle médaille gravée et niëllée sur l'amour maternel *Laet
liefde en trouve bij U. Groyen — Gedenckt aende belofte. Ao.
1657.* Mm. 66. Ar. gr. 51.5.

1027   s.d. (1679). **Hambourg.** Médaille d'or sur le traité de paix entre
la ville de Hambourg et le roi de Danemarc. Vue de la ville du
côté de l'Elbe, dessous l'écusson HAMBVRG — HAEC . VRBS.
TVTA . DEI CLYPEO — PROTECTA MANEBIT. Rev. La
Paix frappant la Discorde dans un paysage aux bords de la fleuve,
à l'ex. Reteke. PAX MARE PAX TERRAM PAX VRBES PAX
BÆATAGROS. Mm. 50. Or. gr. 34,8 (10 Ducats) Superbe.

1028   1675. Prise de **Limbourg** par les Français. Belle méd. au buste
cuirassé de Louis XIV par Breton, comparez, v. Loon, III éd.
fr. 171, éd. holl. 181, n. 1. Mm. 63. Rare. Br.

1029 Couronnement de Guillaume III roi d'Angleterre. van Loon III éd. fr. 421, éd. holl. 392, n. 2. Br. doré. t.b.c.

1030 1700. Médaille obituaire de **Catharina Andries** décédé à *Utrecht*, gravée. Ar. gr. 24.5 t.b.c.

1031 1702. Mort de **Guillaume III**. Buste à dr. par Smeltzing. Franks. 550. v. Loon. IV éd. fr. 339. éd. holl. 283. n. 3. Etain. t.b.c.

1032 1702. Défaite et incendie des flottes françaises et espagnoles à **Vigo**. Var. de Franks n. 18 et de v. Loon. IV éd. fr. 363 avec ANNA . D . G . MAG . BRIT . FRA . ET . HIB . REGINA. Ar. gr. 18. Belle et rare.

1033 1703. Prise de **Bonn. Huy** et **Limbourg** par Marlborough. Belle méd. au buste de la reine Anne. van Loon, IV éd. fr. 399. éd. holl. 346. Franks 35. Ar. gr. 37.

1034 1704. Apaisement des troubles à Middelbourg. Médaille par Dishoecke. Persée découpe la tête de Méduse. v. L. IV éd. fr. 463. éd. holl. 415. Ar. gr. 47. Belle.

1035 1709. Bataille de **Malplaquet**. Buste couronné à g. de la reine Anne par Crocker. van Loon, éd. fr. V 145. éd. holl. IV 570, n. 3. Franks 197. Ar. gr. 41. Beau et rare.

1036 1710. Mort d'Andries van Lanck, gravé sur la tranche d'une méd. sur les troubles d'Amsterdam en 1696. Ar. gr. 25.5 t.b.c.

1037 1713. Paix **d'Utrecht**. Méd. coulée au buste de la reine Anne. van Loon, éd. fr. V, 230. éd. holl. 660, n. 1. Franks, 256. Br. doré.

1038 Même sujet. v. L. V éd. fr. 230, IV éd. holl. 660, n. 2. Franks n. 257. Ar. gr. 15. t.b.c.

1039 Même sujet. Petite médaille inédite. *Kehr mich um so Kanstu sehen. Was hinkunftig wird geschehen. Rev. Da Wird sICh aLLererst DIe Noth anheben. Matth* 24, v. 8. (Les caractères capitales forment 1713 en chronogramme.) Br. Belle. Extr. rare.

1040 1717. Deuxième jubilé séculaire de la réformation, lég. neerlandaise. Ar. gr. 43.5 Beau.

1041 1720. **John Law**. Méd. Satirique. Le financier vue de derrière, BANQVERODT IST ALAMODE ❀ *Visibilis—Invisibilis*. Rev. *Credit ist Mausselodt*. Franks 59. Fort rare. Ar. trou rebouché.

1042 1733. Médaille boîte, réception des émigrants protestants de Salzbourg aux Pays-Bas, avec 17 épisodes imprimés en couleur par Abraham Reinhard. Sur la boîte la Vierge neerlandaise, à l'ex. Aufnahme der Salzb. Emigr. in den Ver. Niederl. Ar. Belle et rare.

1043 Même sujet. Réception des émigrants en Prusse. *Gehe aus deinem Land und ron deiner Freundschafft Act. 7 r. 3.* Rev. *Zeuch in ein Land das ich dir Zeigen will. Act. 7 r. 3* avec 17 épisodes imprimés en couleur par Daniel Höckhinger. Ar. Belle et rare.

1044 1736. Méd. de la lotterie de Jernegan. La reine Caroline arrose les fleurs. Franks 72. Ar. gr. 20.5. Belle.

1045 1736. Naissance de la princesse d'Orange. Méd. aux armoiries de Nassau-Orange et de la Grande-Bretagne. Suppl. 101. Franks 71. Ar. gr. 34. Belle.

1046   1737. Guillaume IV et la princesse Anne inaugurés à **Bréda**. Belle méd. aux armoiries de Nassau-Orange et de la Grande-Bretagne. Suppl. 117. Franks 74. Ar. gr. 31.5

1047   1738. Noces d'argent de **Willem van Citters** et de **Marie Kiend**. W. van Citters fut élu huit fois bourgmestre de Middelbourg et était directeur de la compagnie pour les Indes. Superbe médaille par Holtzhey. gr. 118. Fort rare.

1048   1747. **Guillaume IV** d'Orange proclamé Stadhouder GLADIVS DOMINI ET GEDEONIS. Belle méd. portative. Vermeil. gr. 24.

1049   Même sujet. Belle et rare médaille aux bustes opposés du prince et de la princesse. Suppl. 223. Frank 314. Ar. gr. 31.

1050   Prise de **Bergen op Zoom** par les **Français**. Suppl. 381. Br. t.b.c.

1051   1748. **'Aix-la-Chapelle**. Buste cuirassé de Guillaume IV. à l'ex PAX AQVISGRANI SANCITA . ANNO LIB IVBIL.EO. MDCCXLVIII. Suppl. 258. Franks 241. Ar. gr. 28. Belle et rare

1052   Même sujet. Méd. au buste heaumé et cuirassé du prince. Rev. Hercule tenant sa massue PRAELIMIN . AQVISGRANI . DECRET . ANNO . LIB IVBILAEO. Franks n. 339. Suppl. n. 256. Ar. gr. 48. Rare et belle.

1053   1752. Inspection de la Monnaie à **Harderwijk**. La princesse Anne assise tient le clef de la boite. Suppl. 407. Ar. gr. 18. Beau.

1054   1763. Méd. au buste de **Francoise Christine**, comtesse palatinee, Abesse de **Thorn**, son buste drapé à g. signé S. (Schega). Rev. FONS SALIENS IN VITAM AETERNAM, à l'ex. PRIMA NOSTRA IVBILAEA des enfants jouant près d'une fontaine. Revue Belge 1847 pag. 70. Ar. gr. 29. Fort rare. Superbe.

1055   1782. L'indépendance des **Etats-Unis** reconnue par les Pays-Bas. Suppl. 574. Fonrobert. 338. Ar. gr. 13. Beau.

1056   1782. Médaille **d'Amsterdam**. Traité de commerce conclu entre les **Etats-Unis** et les **Pays-Bas**. v. Loon. Suppl. 575. Fonrobert. 342. Mm. 45. Ar. gr. 27. Superbe et rare.

1057   1812. **Napoleon I**. Prise de **Wiéna**. Mm. 41. Br. Beau.

1058   1815. Buste drapé de Madame la duchesse d'Angoulème. *Bonheur des Vendomois*. Rev. Passage de S. A. R. Madame, Duchesse d'Angoulème Mars 1815. Ar. gr. 11. F.d.c.

1059   Série de médailles royalistes, aux bustes du comte **de Chambord**. les ducs **de Berry**, **de Bordeaux, d'Angoulème**, 11 pièces dont quelques unes très artistiques et rares. Ar. gr. 68.

1060   1840. Inauguration du roi **Friedrich Wilhelm IV**. Méd. à la tête à dr. du roi et aux armoiries des états divers qui formaient alors le royaume de Prusse. Ar. gr. 14. Belle.

1061   1846. Médaille au buste à g. du **Dr. Martin Luther** en mémoire de sa mort à **Wittenberg** en 1546. Ar. gr. 28.5 Belle.

1062   1853. Mariage du prince **Henry des Pays-Bas** et de la princesse **Amélie** (Amalia) de **Saxe-Weimar**. Dirks 744. Br. Beau.

1063   1859. Méd. sur le décès **d'Oscar I de Siècle**. Sa tête laurée à dr. Ar. gr. 12.5 F.d.c.

1064 1866. Médaillon oval au buste du roi Guillaume III, prime pour la corporation des Francs-tireurs néerlandais offert par le roi. *Aan Nederlands Scherpschutterijen.* Mm. 48/58 Br. Beau et rare.

1065 1871. Mort de la reine **Louise de Suède** née princesse des Pays-Bas. Catal. Menger 605. Ar. gr. 38. F.d.c.

1066 1893. Noces d'or de Johan Willem Kaiser et de Johanna Bruisman, leurs bustes superposes à g. Cat. Menger n.753. Br. Superbe et rare.

Collection d'un amateur allemand.

MONNAIES.

1067 **Brabant. Charles-Quint.** Réal d'or. l'Empereur couronné portant glaive et globe crucigère, variété inédite de v. d. Chijs, pl. XXIV, 2 sans grénétis des deux côtes. Or. t.b.c.

1068 **Hollande.** province. 1680. Ducaton fr. à Dordrecht. Essai en or. gr. 38.2 (11 Ducats). Var. de Verkade pl. 42.2 avec CONFOE et HOLLAND. Extr. rare. Or. t.b.c.

1069 1762. Demi rijder (Cavalier d'or) Verk. pl. 40.5. t.b.c.

1070 royaume 1809. Ducat. Tête de Louis Napoléon et armoiries. Or. Beau.

1071 **Mantoue.** Duché. **Guillaume Gonzague** 1550 1587. Deux Zecchini au buste cuirassé du duc à g. Rev. Armoiries dans un entourage renaissance. sous la couronne FIDES. Rossi n. 2063. Extrêmement rare. Or. t.b.c.

1072 **Mecklenbourg Strelitz** 1749. **Adolph Friedrich II.** Pistole sans indication de valeur. Evers 313.3. Or. t.b.c. rare.

1073 **Ortenburg.** Comté. **Christolph. Cardinal Widmann.** 1656. Essai en or du Thaler au buste du cardinal en barette CHRISTOPHOR' S . R . E . CARDINALIS . VIDMAN. Rev. Les armoiries d'Ortenburg. couvert d'un chapeau de cardinal COMES AB ORTEN-BVRG 1656. Madai 1837. Or. gr. 17.4 (5 ducats). Superbe et de la plus haute rareté.

1074 **Utrecht.** 1751. *Rijder.* Cavalier d'or. Beau.

1075 **Wallenstein. Albert** duc de **Friedland.** 1626. ¼ Thaler au buste de face. Welleheim 11903. Rare. Ar. a.b.c.

1076 **Westfrise.** 1646. Rijksdaelder au buste cuirassé et lauré. Essai carré au poids d'un et demi Rijksdaelder. Var. de Verk. pl. 64.3 avec WEST-FRI. Ar. gr. 43. Beau et fort rare.

1077 1763. *Rijder.* Cavalier d'or, marque du monétaire Buisken, var. de Verk. pl. 60.3. Or. Beau.

MÉDAILLES HISTORIQUES.

1078 1630. Méd. au buste de **Frédéric Henri**. Prise de **Bois le Duc, Grol** et **Wesel** en 1629. La flotte d'argent par **Piet Heijn** et prise de **Pernambuco** au **Brésil** en 1630. v. Loon II éd. fr. 190 éd. holl. 191 n. 1. Ar. gr. 39. coulée.

1079 1631. Méd. au buste cuirassé **d'Albert de Wallenstein** duc de **Friedland**, orné de la toison d'or. Rev. Ses armoiries. Cat. Schultres Rechb. 5787. Ar. gr. 24. Fort rare. b.c.

1080 1632. **Suéde**. Mort de **Gustaph Adolph**. Superbe méd. à son buste cuirassé et richement drapé par Seb. Dadler. Hildebr. 58. Ar. gr. 45. Rare.

1081 S. d. **Frédrich Wilhelm de Brandenbourg**. Son buste cuirassé à dr. FRID WILH . D . G . M . & . EL . BR . SUP . DOM . DUX . PRUSS. Rev. Le Soleil luit au dessus d'un rocher, sur lequel un aigle a bâti son nid et se rejouit avec ses aiglons de la chaleur des rayons. MEI NON DEGENERANT. Ar. gr. 32. Beau et fort rare.

1082 1648. Paix de **Munster**, var. de van Loon II éd. fr. 301 éd. holl. 312 n. 2 avec MONASTERY . WESTPH. Ar. gr. 36. t.b.c.

1083 1648. Paix de **Munster**. Superbe médaille par Johann Höhn PAX CUM JUSTITIA FORA. La Paix et la Justice s'embrassent. Rev. La Foi et la Piété se donnant la main devant la ville de Munster. v. Loon II éd. fr. 304 éd. holl. 315 n. 4. Ar. gr. 61.

1084 1653. Superbe méd. repoussé au buste de l'amiral **M. H. Tromp** mort dans le combat naval contre les Anglais. van Loon II éd. fr. 364 éd. holl. 376 n. 3. Ar. gr. 66.5.

1085 1689. Mariage de **Charles II** (VI) d'Espagne et **d'Anne du Palatinat - Neubourg**. Leurs bustes affrontés. Médaille de Phil. Roettiers offerte par la ville de Gand. van Loon III éd. fr. 433 éd. holl. 464 n. 1. Ar. gr. 63. Rare. t.b.c.

1086 1692. **Brunswic-Lünebourg. Ernst August**. Beau médaillon au buste cuirassé, à longue chevelure sur son investiture comme Electeur, Knijph. 8655. Ar. gr. 112. Fort rare.

1087 1736. **Lorraine**. Méd. du duc **François III**. Armoiries de Lorraine entourées de toutes les armoiries de la maison de Lorraine. Mm. 69. Br. b.c. Rare.

1088 1739. Jeton de **Charles** prince de **Gavre** gouverneur de Namur. Rare en argent. F.d.c.

1089 1755. Médaillon au buste drapé de face en haut relief de **Lorenzo Morosini**. Proconsul de St. Marc de Vénise. Mm. 90. Br. t.b.c.

1090 1749. **Danemarc**. Troisième jubilé séculaire du règne de la maison d'Oldenbourg. Buste drapé de Frédéric V à dr. orné du byou de l'ordre de l'éléphant. Rev. Le firmament OCCIDERE NESCIA à l'ex DOMVS OLDENBVRGICA etc. Ar. gr. 70. Très rare, t.b.c.

1091 1772. Naissance du comte de Buren. Belle méd. au buste de Guillaume V par van Moelingen. Suppl. 477. Ar. gr. 18.

1092   1775. Deuxième fête séculaire de l'Académie de Leyde, par van
Berckel. Ar. gr. 22.

1093   1773. Jeton au buste et sur la mort de la princesse **Caroline** de
Lorraine, décédée à Mons en Hainaut. Or. gr. 4.4. Superbe.

1094   **Amsterdam**. (Royaume de Hollande). Médaille de l'académie de
dessin inédite. Minerve assise, devant elle une statue égyptienne
TEEKENKUNST. Rev. Autour d'une couronne de laurier PRYS
VAN DE ACADEMIE DER TEEKENKUNST TE AMSTERDAM.
Ar. gr. 35. Belle.

1095   Suite de **J. Thomassons** *scientifical and physical medals*, 16 pièces,
fort intéressantes sur l'Astronomie, Géologie, Mécanisme, Phréno-
logie, Galvanisme, Minéralogie, Hydrologie, Optique, Christalogie,
Métallurgie, Chémie. Mm. 72 avec loupe octogone.

MÉDAILLES ET DÉCORATIONS MILITAIRES.

1096   **Bade**. Guerre de 1870—71. Croix en bronze, pour ceux qui ont
porté secours aux blessés, avec ruban. Extr. rare. Belle.

1097   — Croix de Louise, pour 50 ans de service, vermeil, gr. 30. Mm.
$^{52}/_{79}$ avec ruban. Rare Belle.

1098   **Espagne**. Guerre des Carlistes. Méd. pour les défenseurs de Bilbao
1874. Br. Mm. 36, avec ruban.

1099   **France**. Chevaliers Sauveteurs des alpes maritimes. Belle croix en
vermeil émaillé, avec couronne civique et ruban. gr. 13.8.

1100   **Mexique**. Méd. portative pour les défenseurs **d'Oaxaca**. Vermeil
gr. 11,3 avec ruban. Fort rare, inédite.

1101   — Même méd. en argent pour les défenseurs de **Peubla**. Ar.
6.4 avec ruban. Rare.

1102   **Nassau. Wilhelm**, croix pour XXII ans de service dans l'armée. Ar.
gr. 16.6 avec ruban.

1103   **Oldenbourg**. Campagne de 1866. Méd. portative au buste du grand-
duc pour les combattants. Br. doré avec ruban.

1104   **Saxe Altenbourg. Ernest I**. Campagne de 1849. Méd. au monogr.
couronné, avec ruban. Belle et rare.

1105   **Schaumbourg Lippe. George Wilhelm**. Méd. pour la campagne de
1870—71 avec deux épées en sautoir attachées sur le ruban. Ar.
gr. 21. Fort rare.

LIVRES NUMISMATIQUES.

1106   **De Chestret de Haneffe**. Baron J. Numismatique de la principauté
de Liége, et de ses dépendances (Bouillon—Looz). Bruxelles,
1888—1890. 2 vol. 4°. avec 54 pl.

1107   **P. O. van der Chijs**. De munten der voormalige Hertogdommen
Braband en Limburg. Haarlem, 1851. Avec planches. 4°. Epuisé.

1108   De munten der voormalige Graven en Hertogen van Gelderland. Haarlem, 1852. Avec planches. 4º. Epuisé.

1109   — De munten der voormalige Heeren en Steden van Gelderland. Haarlem, 1853. Avec planches. 4º. Epuisé.

1110   De munten der leenen van de voormalige Hertogdommen Braband en Limburg. Haarlem, 1862. Avec planches. 4º. Epuisé.

1111   — De munten der voormalige Heeren en Steden van Overijssel. Haarlem, 1854. Avec planches. 4º. Epuisé.

1112   **J. Dirks** 1889 et **Th. M. Roest** 1894. Beschrijving der Nederlandsche of op Nederland en Nederlanders betrekking hebbende Penningen, geslagen tusschen Nov. 1813 en Nov. 1863. 3 vol. gr. in 8º. avec 5 atlas de planches in folio.

1113   **J. F. Dugniolle.** Le jeton historique des dix-sept Provinces des Pays-Bas. Bruxelles, 1876. 4 tomes, 5 vol. Avec planches. 8º. Epuisé.

1114   **Percy Gardner.** Catalogue of Greek Coins. The seleucid Kings of Syria. Lond. 1878. Avec 28 planches, percal. 8º.

1115   **Hawkins.** Medallic Illustrations of the History of Great Britain and Ireland to the death of George II. edited by **Franks** and **Grueber,** numerous illustrations. 2 vol. 1885, épuisé, rare.

1116   **G. van Loon.** Beschrijving der Nederlandsche Historiepenningen (1555—1713). 's Gravenhage, 1723—31. 4 vol. Avec des milliers de figures, vélin. fol. Bel exemplaire.

1117   — Histoire métailique des XVII provinces des Pays-Bas. 5 vol. in fol. La Haye, 1735—1737. Nombreuses et belles gravures (Edition française). Rare.

1118   — Beschrijving der Nederlandsche Historiepenningen ten vervolge op het werk van G. van Loon. Uitgegeven d. d. 2e klasse v. h. Instituut Amst. 1821—1869, 10 volumes. Avec planches, fol. Les 5 derrières partie sur carton non-rogné. Grand papier.
        Complément à l'ouvrage de van Loon : description des médailles frappées de 1716 jusqu'en 1806. La suite complète est fort rare. Par une erreur on n'a tiré de la 5e partie qu'un nombre très restreint, ce qui rend cette partie presque introuvable.

1119   **P. Mailliet.** Catalogue descriptif des Monnaies obsidionales et de nécessité. Bruxelles, 1870—73. Avec 2 suppléments et Atlas (218 planches) 8º. Epuisé et recherché.

1120   **Medailles** sur les principaux événements du règne entier de Louis le Grand. avec des explications historiques. Paris, Imprimerie Royale 1723. Vieux maroquin rouge. filets, dentelles intérieures, dos et tranches dorés. gr. in-folio.
        Très-bel exemplaire en reliure originale. Plus de 300 feuilles de médailles avec de beaux encadrements.

1121   Historie der Nederlandsche vorsten.... met meer dan 1000 historiepenningen opgehelderd. 's Grav. 1732. 3 vol. Avec figures de médailles. vélin cordé. fol.
        Les médailles historiques de 1345—1558 figurées et expliquées.

1122 **H. C. Millies.** Recherches sur les monnaies des indigènes de l'Archipel Indien et de la Péninsule Malaie. La Haye, 1871. Avec 26 planches. 4". Monnaies de Java, Banten, Tjirebou, Soumenep, Sumatra, Atjeh, Siyak, Djambi, Palembang, Korintji, Bangka, Tanah Malayou, Djokor, Bornéo, Célébes, etc.

1123 **L. Minard van Hoorebeke.** Description de Méreaux et Jetons de présence, etc. des gildes et corps de métiérs, églises, etc. Texte en flamand et en français Gand 1877—79. 3 part. en 2 vol. in gr. 4". Av. nombr. fig.

1124 **Nahuijs** (comte Maurin). Historie numismatique du royaume de Hollande sous Louis Napoleon. Utrecht, 1858. in 4". Av. 13 pl.

1125   Hist. numism. de la Hollande pendant la réunion à l'empire français. Utrecht. 1863. in 4". av. 15 pl. et frontispice.

1126 **Ruding.** (Rev. R.) Annals of the coinage of Great Britain, third edition, corrected, enlarged and continued to the Present Reign, numerous fine plates, 3 vol. russia gilt, g. e. Hearne, 1840. Fort rare.

1127 **Wichers., H. L.,** Verhandeling over de oude Groninger munten. 8".

1128 **Curieux opuscule,** contenant a. Ordonnantie Statuyt ende permissie der K. M. (Ordonnance de 1548, avec portrait de Charles V.) b. Ordonnantie ende Placcaete van dye Coninclyke Majesteyt beroerende va den gouden en silveren Munten. 1659. avec portrait de Philippe II. c. Die ongevaluweerde Gouden ende Silveren Munten etc. 1560. Trois pièces rares en un vol. avec nombreuses figures de monnaies. Aemstelredam, 1560. Jan Ewoutszoon, demi veau. pet. in 8".

1129 Les deux ordonnances, de 1559 et 1560 b. et c. du n. 1137 en un vol. demi veau. pet. in 8". av. portr. de Philippe II. Rare.

1130 Donghewalueerde gouden en Silveren munte, avec les portraits de Philippe II et d'Anne d'Autriche. Chr. Plantyn. Anvers 1575. pet. in 8". demi veau, avec figures sur bois. Rare.

1131 Ordonnantie provisionnael ons Heeren des Coninex opt stuck en de Tolerantie van den prijs en de loop van de gouden en de Silveren Munte. 't Antwerpen bij Christoffel Plantin ende bij Guillaem van Parijs 1575, vélin, petit. in-8".

1132 De Figueren van alle goude ende siluere penninghen ... achtervolghende 't placcaet van den Ghelde. Thantwerpen. Bij Guilliaem van Parijs. of de Lombaerdé veste 1580. Figures eu bois d. veau. 12". opuscule rare.

1133 **Beeldenaer** ofte Figuerboeck dienende op de nieuwe Ordonnantie van der Munte gearresteert .... 6 July 1610. In welcke gherepresenteert zijn alle de Figueren van Goude en Silvere Munte. 's Gravenhaghe, Hillebrant Jacobsz. 1610. Avec figures en bois. dos de vélin. 4".

1134 **Collection** remarquable de Placcards dans un gros volume vél in 4": contenant, a. Placcard de 1525 imprimé à Anvers (Afin que Chascun puisse savoir les grandes faultes deceptions et abus regnat

es paijs de par de cha, touchant diverses sortes de deniers estranges),
etc. b. provisie en evaluatien van der munten geordineerd bij den
Keijzer en bi den Staten van den Landen (Anvers Jan Thibault,
c. Ordonnance et Edict touchant le prix et valeur du Florin d'or
et du Daler de Bourgogne, etc. Anvers 1567. Guill. Silvius ; avec
un beau portrait de Philippe, II. d. Ordonnance avec les figures
de monnaies contrefaites par le seigneur de Berch, Heel, Vianen,
Batenborch, Thorn, Horn, Grunsvelt, Empden, Leeuwarden. Rechem,
etc., Antwerpen 1578. G. v. Parijs, avec les portraits de Philippe
II et d'Anne d'Autriche : e. Ordonnance et Placcard de 1579.
Anvers chez le même. f. Placcard du duc de Leycestre de 1586.
Aemstelredam Cornelis Claesz. g. Beeldenaer ofte Figuerboeck
par le même. h. Placcaet provisioneel, 's Gravenhage Albrecht
Heijndrikaz 1594. i. Autre placcard de 1602 par le même. j. Autre
Placcard de 1603 par le même. k. Beeldenaer ofte Figuerboeck
de 1604 par le même. l. Placcaet en de ordonnantie 's Gravenhage
Hillebrand Jacobsz. 1606. n. Manuael ofte handboeck de 1606
par le même. o. Placcaet en de Ordre provisioneel par le même
1606. p. Placcaet de 1610 par le même. q. Autre Placcaet de
1610 par le même. r. Beeldenaer ofte Figuurboeck de 1610 par
le même. s. Manuel ofte Handboeck de 1610 par le même. t.
Ordonnantie en de Placcaet de 1612. Antwerpen, Hyronimus
Verdussen. u. Placcaet de 1617. 's Gravenhage Hillebrand Jacobsz.
v. Ordonnantie en de Placcaet de 1618. Antwerpen chez. Verdussen. w. Ordonnantie van de Hertogen de 1619 chez le même.
x. et y. Placcaet de 1620 et de 1621. 's Gravenhage Hillebrand
Jacobsz. z. Beeldenaer of te Figuerboeck de 1622. 's Gravenhage.
Weduwe Hillebrand Jacobsz. Aa Renovatie Van 't Placcaet van
de Munte de 1622. Chez le même. Ab Beeldenaer of te Figuerboeck de 1626 chez le même. Ac Placcaet en de Ordonnantie
van de Doorluchtige, Hooghmogende Heeren, de Staten Generael.
etc. de 1626 chez le même. Ad Placcaet van de Hooghmogende
Heeren Staten Generaal etc. de 1626 chez. le même. Ae Placcaet
teghens het uytgheven en de ontfanghen van Poolsche en de
Dansicker, Penningen, de 1628 chez le même. Af. Renovatie
ofte Vernieuwinge van 't Placcaet van de Hooge en de Mogende
Heeren, etc. de 1630 chez le même. Ag. Appendix ofte Bij-
voechsel op 't Manuael de 1630 cher le même. Ah. Placcaet of te
Staten Generaal de 1634 chez le même. Ai Ordonnantie des
Coninghs de 1652. Antwerpen chez Hieronymus Verdussen. Ak
Placcard des Staten General de 1669. 's Gravenhage chez Hille-
brandt van Wouw. Al. Placcard de 1674 's Gravenhage chez
Jacobus Scheltus. Am. Placcard de 1675 chez la même. An Placcard de 1691 chez le même. Ao. Renovatie en de Ampliatie de
1692. 's Gravenhage Jacobus & Paulus Scheltus.

No. 55.   No. 69.

No. 77.

No. 105.

No. 181.

No. 186.   No. 206.

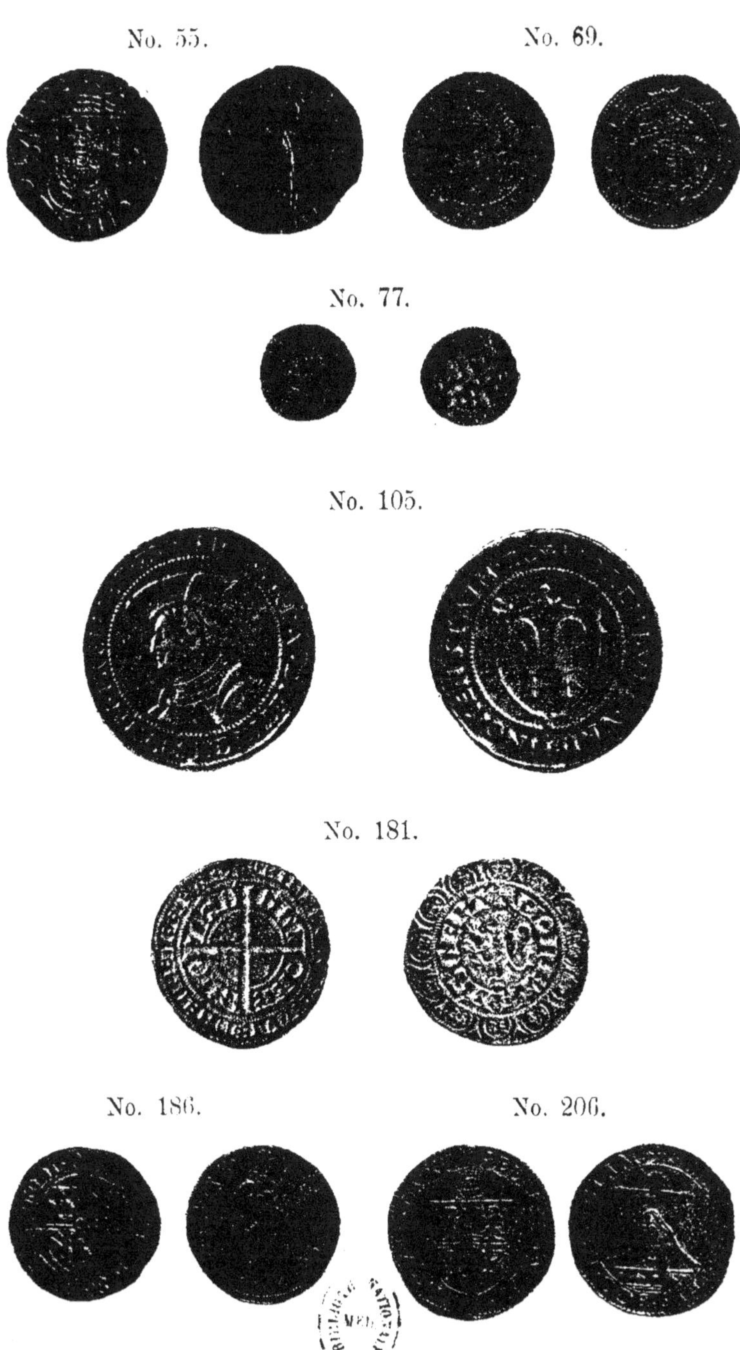

No. 233.

No. 312.

No. 744.

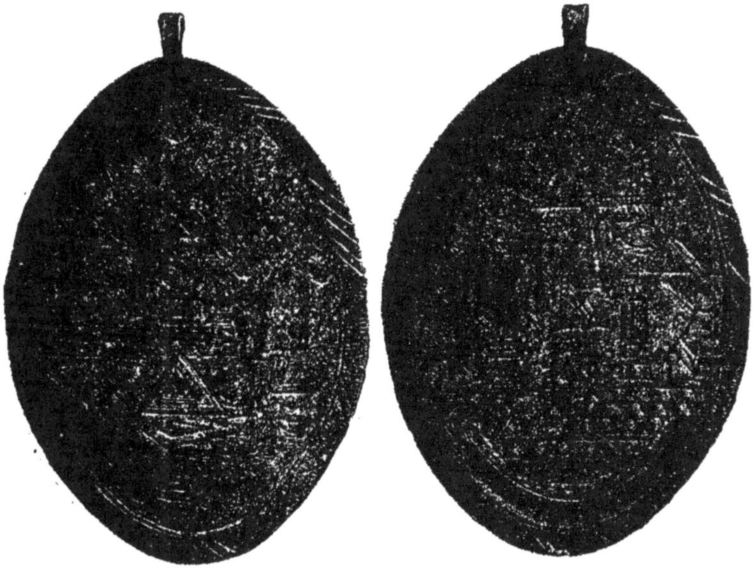

No. 912.

No. 563.

Conditions de la Vente.

La vente se fera au comptant en florins et cents des Pays-Bas.

Les acquéreurs paient 10⁰/₀ au dessus des enchères, comme cela est coutume en Hollande.

L'expert peut combiner ou diviser des lots d'après son gré.

Les acheteurs sont tenus de prendre livraison de leurs achats, après chaque vacation.

Après l'adjudication, aucune réclamation ne sera admise.

L'expert se charge gratuitement des ordres, qu'on voudra bien lui confier.

Ordre de la Vente.

MARDI le 6 OCTOBRE le soir à $6_{1/2}$ heures précises.
Les numéros 1 jusqu'au n. 254.

MERCREDI le 7 OCTOBRE le matin à $10^{1}/_{2}$ heures précises.
Les numéros 255 jusqu'au n. 581.

„   „   le soir à $6^{1}/_{2}$ heures précises.
Les numéros 582 jusqu'au n. 879.

JEUDI le 8 OCTOBRE le matin à $10^{1}/_{2}$ heures précises.
Les numéros 880 jusqu' à la fin.

ERRATA.

No. 98, *lisez* DEO DUCE. No. 226, *lisez* 1590 *au lieu de* 1593. No. 228, 1596 *au lieu de* 1506. No. 249, *Leicesterdaelder* de 1596. No. 337, *lisez* 1688. *Les jetons sous le.* No. 342 et 343 *sont en cuivre* (Ae) *pas en Argent* (Ar.). No. 359 *lisez jeton en argent.* Le No. 399 *est en argent.* No. 477 *lisez.* Franks 215.

Le 5 et 6 Octobre 1896

aura lieu la vente

de la riche collection

DE

Madame la Vicomtesse de C.

contenant des monnaies du Brésil, de Goa, et de Din, des Indes, néerlandaises et brittaniques et une série de monnaies Grecques de Syrie et de Parthie.

Le Catalogue illustré sera envoyé sur demande

Vient de paraître, Catalogue n. XXXII.

Monnaies d'or du Moyen-age et des temps modernes. Médailles d'or et une série fort intéressante de monnaies grecques, romaines et byzantines, avec 3 planches.

Sous presse Catalogue XXXIII. Médailles et letons armoiriés, Médailles de médecins et ayant rapport à la médecine.

Catalogue XXXIV. Monnaies et médailles des Colonies néerlandaises, anglaises, françaises etc., et des divers états d'Outre-mer.